· 中国最美乡村——婺源位于江西省的赣东北部，婺源的美不仅仅在于它的山水和谐或者水墨画乡的意境，更在于乡村水口所蕴含的生态文化。

· 婺源乡村水口，以自然山水为基础，通过人工规划布局，以山水、溪流、古树、古道、古桥、石碣、亭阁、庙宇等，构建了村庄的公共空间和村庄标识，成为婺源古村落的经典组成部分。

中国人民政治协商会议
婺源县委员会　◎编

婺源水口文化

江西人民出版社
Jiangxi People's Publishing House
全国百佳出版社

编委会

　　婺源的魅力在乡村，乡村的魅力在水口蕴含的生态文化。

　　山重水复，古树遮蔽，犹抱琵琶半遮面的村庄水口，不仅藏风聚气，孕育天人合一的生态文化，也蕴藏着大地美学和时代印记。

　　在婺源乡村史上，能够选择抑或倡建水口的人，往往都是村庄的灵魂人物。一山一溪，一草一木，一石一塌，一路一桥，一亭一阁，都是他们热爱乡土的倾情表达。而在建设、改造水口的过程中，形成的水口建筑以及人文生态，成为地域文化的重要组成部分。

　　见山，见水，见精神。

　　绵延的山峦，绕村的溪流，蜿蜒的古道，横跨的拱桥，苍劲的古树，那都是时间流逝的镜像。

　　诚然，有了先民的志趣、境界、勤勉、义行，才有了水口的古木成林，才有了水口的桥架亭立。通过窥探先人尊重自然的科学性，以及地埋选择的合理性，无论过去，现在，还是将来，从某种层面说，村庄水口是一条通往天人合一的生态文化路径，是一处可以慰藉人们心灵的净土。

　　看山，而不止于山。看村庄水口亦是如此——水口，是村庄生生不息的生态密码，是村庄息息相关的发展实践。认

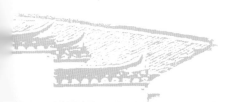

识了村庄水口，就认识了赖以生存的乡土家园。

确实，正如余秋雨先生所说："天人合一的和谐景象本身就是一种文化，但是这种文化是生态文化……在这一点上，婺源创造了奇迹，它居然能让琅琅书声与自然景观紧紧相融，让学者与农夫、茶女相邻而居，甚至，让一位世界级的大哲学家朱熹也从这里走出……"

这些，都是婺源的绿水青山留给我们的生态资源与精神财富。

然而，地方志与谱牒对村庄水口的建设、变迁，即便留有文字记录，但也是词条式的只言片语，有的村庄甚至是一片空白。极个别的村庄水口随着时光推移，沉寂、萎缩、割裂、匿迹，也是不争的事实。一方山水，见证了村庄水口的发展，以及村史在岁月中的流转。因此，去打捞记忆，为村庄水口留下"史"的意义的文字，显得尤为必要。

婺源县政协从文史资料充分发挥"存史、资政、团结、育人"的社会功能出发，组织作者深入一些有特点的村庄，采取田野调查的方式去挖掘、记录水口的来龙去脉，包括其地域特点、人文环境、基本特征，真实客观地反映乡村水口及村庄的时代变迁，目的是通过挖掘婺源水口文化，讲述山水与村落的和谐、历史人文气息，以及生态文化特色，以期更多的人关注和重视婺源历史文化和生态资源的保护利用。

这是文化助推乡村振兴，贡献政协力量的观照和思考。

希望本书能为"中国最美乡村——婺源"的生态文化传播，推动水口文化的传承保护以及乡村振兴，增添新的光彩。

是为序。

汪学群

2024 年 1 月 18 日

开卷杂谈

　　《山水见证：婺源水口文化》一书组稿时，婺源县政协要我也写点文字。写什么呢？心里不免有些惶恐。在徽州，在婺源，水口是村落的符号，是第一道风景，却少有人知晓，水口其实还是一个村庄的"眼"。因为，人们可以从中读出这个村的历史人文、氏族兴衰，可以读懂栖居于此世代族人的智慧和期盼。为此，这本书精心选取了34个村，围绕水口，逐一为读者铺陈解析，勾画它们各自的形态和精彩。如是，我就试着从大些的视角，对婺源的水口、村落乃至山川、风水，谈点粗浅的认知和思考。

　　婺源是山区，八分半为山地。其东北群峰耸立，海拔高度大都在千米以上；西南则丘陵连绵，大部分山峦高百米左右。因为常年气候湿润，山上林木茂盛，植被丰厚。为此，山的每条沟壑也就会收集到无数细流，汇成大大小小的溪河。巡天俯瞰，在婺源大地上，古坦水、浙源水、段莘水、武溪水、江湾水、赋春水、横槎水、高砂水和潋溪九条河流，由北而南，或由东而西，平缓从容地汇于星江河及乐安江，最后西入鄱阳湖。丰富的水系密如蛛网，流域面积占全县面积近九成。

　　逐水而居是人类生存的需要。婺源的先民，尤其是隋唐以来由中原陆续迁入的士族，纷纷在河湾、溪畔停下了脚步。因此，每条溪河都像是一根银链，串起了珍珠般的大小村落。今全县一千多个自然村，几乎都靠山依水。即便是山上的村，如海拔千米的鄣山村，也有一条源自擂鼓诸峰的山溪贯村而下，让这里的村民和所有生灵得到滋养，赖以生息。

其实，先人们远在狩猎时代就知道"择地而居"，尽量避开凶险之地。到秦汉，以"相地"为主要功能的风水理论开始成型、成熟。唐宋时，风水学的传播和应用达到鼎盛，一时南北泛滥，尤以东南为最。而这一时期，正是大批中原百姓迁徙婺源，卜地开基的重要时期。唐僖宗朝有个叫杨筠松的风水师掌管皇家风水，黄巢军破京城后，他逃至赣州，开馆授徒，著书立说，宫廷的风水术也因此流入民间。杨公的风水理论称为"形势派"（亦称江西派），与后来出现的"理气派"（即福建派）成为风水学的两大主要流派。在婺源流行的风水术就属于形势派，或者说主要是形势派的做法，注重山川形势的研判和自然环境的选择，有所谓"觅龙、察砂、点穴、观水、取向"之地理五诀。纵观风水学的发展和实践，其不仅内生派系日渐庞杂，而且衍化出了不少主观、唯心、附会甚至玄秘的观念和做法，从而令后世产生诸多质疑。当然，应该看到的是，风水学与现代环境学相通，且具有科学性的地方很多，既蕴含了对人与自然的哲学思考，又凝聚着先人对选择理想栖居地的追求和智慧。

婺源丰富又秀美的山水形态，为人们卜基建村提供了绝佳的实践平台和多样选择。千百年来，无论是始迁者的栖居地，还是因为人口增多，土地难以承载而分迁他处的新建村落，大都是背有"靠山"、前有"案山"、溪河环抱的格局。然而，山并不险峻，连绵而脉远；水也不汹涌，蜿蜒而平缓，让人感到十分恬静祥和。尽管风水术中对山的形状、走势，水的流向、气韵等有许多说法，但就环境来看，这样的基址无疑是有利于人们居住、繁衍、生产、发展的栖息地。

可以说，按照风水学的要求，十全十美的地方是极少的。那么，当"卜居"完成后，人们还要对基址的不足之处持之以恒地加以改造和建设。宋神宗元丰二年（1079），萧江八世祖江敌率族人迁至江湾（时称云湾）。这块地，就是南唐国师何令通为萧江六世祖江文寀选的。据说村庄背面的后龙山在来龙上有个豁口，村外的梨园河又过于抵近且直冲村庄，于是萧江氏通过几代人的努力，在豁口处人工垒了座长约百米的山梁，以挡住北风，接通"龙脉"；又采石筑堤，将梨园河改道南移，从而消除或减轻洪水对村落的威胁，也为日后村落扩容留下了足够的空间。不得不说，这是先人趋利避害，改造家园环境的壮举，后世颇感骄傲，代代传颂，击节钦仰。

村落的改造和建设，最醒目也最集中的地方就是水口。在形势派风水中，水是财富的象征。因此，流经村子的这段溪河，其入口处（即上水口）要敞开，且来水应不见源流；出口处则是下水口，要关闭，水去当不见归途。河段也宜曲折蜿蜒，忌直来直去。主观上自然是想让象征财富的水流得慢些，但实际上，这种"之"字形的河道，洪水来时对村落的威胁也是较小的。有些在山地的村子，地形高低差大，人们还会在溪流中筑起一道道石堨，拦出一片片静水，从而让溪流又走又停，不至于一泻而过。也许其中有留住财富的初衷，但更主要的还是为了方便村人洗涤和满足取水之需。下水口的选择和建设当然是重中之重。下水口是所谓的"地户之门"，关乎村落的兴衰枯荣。因此，卜基时就要寻找水口处两侧有山岳或石矶峙立，有如"狮象"把守，且层峰叠嶂、关锁绵密、财气不竭的上佳之地。为增强水口的锁钥之势和生产、生活的功用，人们会在此筑桥修塔，建寺观神庙、亭台楼阁以及书院等公共建筑，还会种植大片树木（即水口林），密密匝匝地守护着这扇地户之门。据说，水口林的树种也有讲究，多与人丁兴旺、祥瑞和合相关。所以，每个村的水口林与后龙山的林木一样，备受尊崇，任何人不得亵渎，更严禁采伐。

大凡顺着溪河，踏着石板小径往山里走，每去一个村落，首先映入眼帘的必然是水口。这里大多山色葱郁，碧水轻盈，一大片古树嘉木浓荫蔽日，四五处飞檐刻栋掩映其中。村人在这里休憩、聊天，路人在这里歇脚、驻足，俨然是村落的一座公共园林。不仅如此，水口还是村人祭祀、敬神、舞傩、娱乐的地方，一些民俗活动常会在这儿展开。水口也是一个村的门户，因此，赶考的学子、远行的商贾，都会在这里告别家人，踏上漫漫旅途。经年累月，暮霭晨曦，一幕幕惜别的场景，一个个凄清的身影，至今好像还会荡漾在山岚水雾之中。

过了水口才是村落。婺源的自然村落多是几十户的小村，而拥有三四百户的大村，往往是一个片区的中心集镇或陆路水路上的重要节点。如建县时县治所在地的清华，出歙（州）通衢（州）古道上的江湾，以及游山、中云、赋春、甲路、汪口、玉坦等。可以说，几乎所有村落的选址都受到风水学的影响。那时，不论是专职堪舆的术师，还是研习青乌的士人，在民间都备受礼遇和尊崇。晋代郭璞的《葬书》中说，"气承风则散，界水则止"。这一起源于中原地区的风水思想，随着晋室南渡而进入徽州地区，尤其是唐末以后形势派风水术在这片地区的流行，以至在实践中形成了较为系统的择地标准。这些标准因为与"出人、聚财、消灾、旺村"等诉求相对应，迎合和顺应了人们朴素、直接的愿望，所以在民间被奉为圭臬而笃信遵从。

所谓"出人"，其实是婺源方言中的一种表述，即能产生出名人、能人及有影响之人的意思。婺源自唐至清，全县有500多人进士及第，2600多人仕宦，更有270多人载入历代史册。能有这般的辉煌，主要原因是中原士族带来尊儒重教风气的影响，朱熹倡导"穷理修身"思想的浸润，以及各氏族为科举入仕，光耀门楣的世代努力。因此，婺源才成了"十户之村，不废诵读"的书乡，成了人文荟萃，名人辈出的"南畿名邑"。如严田、大畈、理田（今李坑）、考水、中云、桃溪（今坑头）、沱川、济溪、游坑等村落，都出了不少进士、能臣，至今仍被视为灵秀之地。

"聚财"，无疑是人们对栖居地的普遍愿望。婺源山多地少，可供种植的田地仅有全县面积的十分之一。随着大批姓氏涌入和人口的迅速增长，婺源"地狭人稠"的矛盾日益尖锐。因此，一些氏族分支开始向外播迁，人们也一帮帮地走出山外去"讨生活"。婺源盛产茶叶、木材。唐末，就有人将方茶（即饼茶）卖到了北方。宋以后，经济中心南移，尤其是宋室南迁带来的土木大兴，使得婺地的杉、楠等木材成了畅销之物。由是，经商者渐众。到明中叶，徽商崛起，婺源商帮游走天下，并发展到可执徽商"四大生业"中木、茶之牛耳的地步。那时，大半个婺源从商者达十之六七，"以贾代耕"竟成一时之风。正是由于一代代商贾的精明和勤奋，创造了巨大财富，才使得婺源一座座村居出落得如此奢华，又如此典雅，至今令人赞赏不已。的确，在农耕时代，仅靠赖以生存的那点土地，连养活老幼都不易，又何以"聚财"，何以富足？所以，水口的完美，也只能是让人们多一点慰藉，多一点对财富的期待，或者成为激励人们走出去另谋发展的动力。

关于风水，我知之甚微，不敢妄言。其实，现实中的绝大多数人也是如此，或只知一二而已。但不可否认的是，风水卜居的实践，又与人们普遍的认知有着许多共通的地方。比如，一个村落后有一脉青山，前有一湾溪河，基址背阴面阳，四周是一片可耕的田畴，水口林子枝繁叶茂，板凳桥头有浣衣水埠，粉墙黛瓦与绿树园圃相间，石板小路连接着街巷阡陌……如此这般的山水形势，风光气象，那不正是人们每每向往的"诗意栖居"吗？所谓风水卜基，我以为最核心也最科学的就是尊重自然，师法自然，把"天人合一"作为追求的终极目标。只有与自然和谐相处，同息共生，人们才能安居，才能更好地读书经商、生产生活；村落也才会更加安宁美丽，兴旺发展，生机蓬勃。

信笔随心，聊作小引。

王涧石

2023 年 12 月

contents

目录

中国最美乡村（胡伟民摄）

江湾 地当通衢

陈爱中

历史上，婺源的聚落水口，地当通衢要枢的不甚多，然江湾村落即为其中之一也。

江湾，既是"中国传统村落"，又是国家 AAAAA 级旅游景区。村落位于婺源县东部梨园河的一个河湾处，距县治蚺城 28 千米。村中现有 2700 余人口。《婺源县地名志》说，江湾村落创始于唐代。唐至宋初，鲍、叶、滕姓等云集于此河湾聚居，取名"云湾"；北宋年间，继有江氏迁入合居，子孙繁衍成大族，故以姓氏易村名云湾为"江湾"。

今江湾村落中的主姓江氏（约占全村人口 80%），与颛顼（黄帝之孙）玄孙伯益苗裔，即初授封于江、后郡望济阳郡的"济阳江氏"不同，称"萧江氏"。萧江氏根于萧氏，出自子姓，郡望兰陵。清代江永《兰陵萧氏二书》记：萧江氏是西汉初宰相萧何的后裔。萧何之后传至南北朝时，萧衍创建了南朝的第三个王朝——梁朝。萧江支派是梁高祖武帝萧衍的长子，即昭明太子萧统之后嗣。到了唐代，这一支派中的萧瑀、萧嵩、萧华、萧复、萧俛、萧仿、萧寘、萧遘相继出任宰相，史称唐朝萧氏"八叶宰相"。宋代欧阳修在《新唐书·列传第二十六》中评价："梁萧氏兴江左，实有功在民，厥终无大恶，以浸微而亡，故余祉及其后裔。自瑀逮遘，凡八叶宰相，名德相望，与唐盛衰。世家之盛，古未有也。"唐末年间，萧遘为僖宗帝的宰相，光启三年（887）死于"朱玫之难"（《资治通鉴》卷第二百五十六）。萧遘之仲子萧祯时为江南节度使，因父蒙难而隐居歙县篁墩，"念先世从北渡江而来，遂易萧姓以为江氏"。自萧祯"指江易姓"后，江

▼ 江湾全景（王汝春摄）

祯即成为萧江氏一世祖。二世祖江董是江祯的长子，天复二年（902）由歙县篁墩移迁婺东皋径（今大畈水路），是为婺源萧江氏始祖。随后，江董之子江瑾择迁中平；传至第六世江文寀又卜居斿坑；再传至第八世江敌，官洪州进贤县尉、补授将仕郎，北宋元丰二年（1079）由斿坑转迁江湾，成为萧江氏江湾支派祖。

江湾地处群山环抱的河谷地带。村落坐北朝南，背倚后（来）龙山，前临梨园河，河的南岸又有攸山（即朝山），水口处有所谓狮、象两山夹峙把守，水流似玉带般由东而西呈"S"形经村南绕过。从其村庄所处环境可以看出，坐落在这一青山绿水中的江湾村，完全符合风水家所强调的"阳宅须教择地形，背山面水称人心；山有来龙昂秀发，水须围抱作环形；明堂宽大斯为福，水口收藏积万金；关煞二方无障碍，光明正大旺门庭"（姚廷銮《阳宅集成·基形》）要求。根据史料所载，江湾村在发展历程中，不仅在后龙山垒土堆造"仙人桥"接通"龙"脉、在村中开凿"剑泉井"以镇"回禄"等，而且重视水口园林的景观规划与建设。

江湾村的水口，位于村落西下1000多米处。清光绪版《婺源县志·祀典》记载江湾水口有"钟英庙，明正德年间（1506—1521）建；万历时（1573—1620）江族重新"。又"有观音阁、三官堂、周王行宫，下有漱玉亭"和"培元桥"等记载。昔时，骑路而筑的漱玉亭，坐落于葱茏翠郁的林木中，古时江湾"十景"之一的"漱玉浓荫"就在此。其《漱玉浓荫》诗云："溪流潺潺泻林回，树影森森绕画亭；斜倚曲栏高枕卧，珮声时到梦中听。"水口之所以古木参天、浓荫蔽日，除因村人遵行"树养人丁水养财"古训，年复一年、代复一代大量栽培树木之外，还得力于宗族的严格管理。早在明万历六年（1578），户部右侍郎江一麟就在手定的《祠（宗）规》中，明确规定"本村来龙、水口等山，不许樵采、挖土破坏，致伤基图命脉。如犯，祠正、副重加责罚，毋少徇情"。由于水口石板路连同江湾村中的老街，旧时兼作婺东至徽州府与浙江衢州的过境大路，为提示商旅起见，萧江氏在漱玉亭撰有一副指路楹联。联文曰："赴省出休，大路进源登五岭；通衢到浙，长河直上往三梧。"意思是：行旅到了江湾后，如果是赴皖省和休宁县，应沿大路左拐进坞头源，然后再登越"五岭"（谭公岭、对镜岭、羊斗岭、塔岭、新岭）；若是前往衢州至浙江，则由江湾沿河直上先抵三梧镇（今镇头村），然后右拐翻越大鳙岭，就到了衢州开化县界。正是因为水口与村落当通衢要枢，为了"以防不虞"，保护聚落共同体的平安吉祥，所以古时江湾曾在住宅区建有"东和、南关、西安、北钥"4座防御寨门。

旧时，作为婺东重要集镇的江湾，为了维持它的秩序，同时也为了满足民众精神上的寄托和心理上的需要，设置过许多功能不同的公共建筑、礼制建筑和宗教建筑。仅在村落水口，各种建筑远不止光绪版《婺源县志》所载的钟英庙、观音阁、周王行宫、漱玉亭等，实地调查发现还有关帝庙、汪王庙、杨令公庙、华佗庙、社庙、土地庙、五显庙等。这些庙宇，如社庙、关帝庙是根据《会典》而建立的；汪王庙、五显庙则是徽州本土特有的庙宇，历史上曾得到官府的承认和支持，被郑重列为本地祀典。岁月沧桑，昔日设立的各类庙宇，有些早在社会的变革中颓败了，终至在"文化大革命"中毁得片瓦无存。据村里的耆老说，江湾昔日香火颇盛的庙宇主要有六座。

社庙。社庙祭祀的是土地神和五谷神。由于其被认为与农业丰歉密切关联，故而极受乡民重视。明洪武三年（1370），朱元璋诏令天下乡民立社之后，更促使社祭的普遍化。社祭每年有春（春社为立春后的第五个戊日）、秋（秋社是立秋后的第五个戊日）二祭。清光绪版《婺源县志·风俗》记载："俗重社祭，里团结为会。社之日，击鼓迎神，祭而舞以乐之；祭必颁肉，群饮。语曰'社鼓鸣，春草生'。至秋而祭，亦如之。闾里之欢，此为近古。"

观音阁。观音阁供奉的是观世音菩萨。"观音大士著慈悲，诞日烧香远不辞。逐队岑山潜口去，相随女伴比丘尼。"从清代方西畴的这首《新安竹枝词》中，我们可以窥见徽州"观音崇拜"的热烈程度。观世音菩萨的形象与神性人格，深植于大众百姓心中。每年农历二月十九日观音圣诞日、六月十九日观音成道日、九月十九日观音涅槃日，乡民成群结队云集于观音庙朝拜进香，祈求"观音娘娘"大发慈悲，救苦救难，消灾免祸。

关帝庙。关帝庙奉祀的是关羽。关羽（？—220），三国蜀汉大将。字云长，本字长生，河东解县（今山西临猗西南）人。宋代以后，他的事迹不仅被神化，

▲ 江湾萧江宗祠（张银泉摄）

且历朝多有褒封，尊为"关公""关帝"。昔以关羽为伏魔大帝，能镇祛一切祸祟，可以保境安民，故特建庙祭祀。每岁春、秋及五月十三日，拈香致祭。

汪王庙。汪王庙奉祀的是徽州最负盛名的乡土神——汪华。汪华（586—648），隋末唐初地方自治首领。又名世华，字国辅，一字英发，歙县登源里（今属绩溪瀛州）人。隋末兵燹，天下动荡，他被众人拥戴，攻取了歙、宣、杭、睦、婺、饶六州，成为拥兵1万的武装势力，自称"吴王"（《资治通鉴·唐纪·唐纪五》）。武德四年（621）奏表归顺唐朝，持节总管六州军事，并任歙州刺史，位上柱国，封爵"越国公"。去世后乡人立祠崇祀，称"越国公汪王神"，俗称"汪公大帝"。北宋政和四年（1114）钦定建庙祭祀，赐额"忠显"；七年（1117）封为"英济王"。南宋乾道四年（1168），进封"信顺显灵英济广惠王"。元代礼部尚书、婺源浮溪人汪泽民有诗云：

▲ 后龙山古树群（张银泉摄）

绵帆忘返干戈起，天产英雄定六州。
唐诰表忠垂宇宙，宋臣编史失春秋。
风云神异来车马，祠庙蒸尝拜冕旒。
让德固宜绵百世，昭陵无处问松楸。

　　五显庙。五显庙祭祀的是"五猖"神。五猖又称"五通""五显""五圣""五郎"等，为婺源本土地方神。关于五猖神的由来，清康熙版《婺源县志》转引《祖殿灵应集》记云："唐光启二年（886），邑人王瑜有园在城北隅，一夕红光烛天，见五神从天而下，威仪如王侯。"为了祈求五猖神驱鬼祛邪，护佑乡民平安，于是王瑜捐地输赀、塑神肖像且立庙以祀，香烛荧煌供奉五方"猖神"。自此，民间崇拜五猖神的神灵崇拜在婺源形成了。百姓相传，五猖神凶煞无比，但却有求必应，且十分灵验，所以一时"四方辐辏，祈祷立应"。北"宋雍熙间（984—987），邑大疫，知县令狐佐梦神教以禳送之说，乃以四月八日即庙设斋。遂为故事"（道光《徽州府志·坛庙》）。大观三年（1109），此事传到朝廷，徽宗赐庙额曰"灵顺"；淳熙元年（1174）孝宗封五神为公爵，分别是"显应公""显济公""显祐公""显灵公""显宁公"；嘉泰二年（1202）宁宗封五神为王爵，曰"显聪王""显明王""显正王""显直王""显德王"；元延祐元年（1314）仁宗再次赐"万寿灵顺"庙额。尔后，五猖神灵崇拜迅速传播，使灵顺庙或五通庙或五显庙不仅在婺源、徽州处处皆有，而且成为江南地区民众信奉者弥多的民间信仰之一，有着广泛的群体参与性。旧时，婺源每年农历四月初八的五猖庙会，百姓云集，烧香燃烛，人声鼎沸，热闹非凡。元代文学家、翰林学士承旨卢挚有《谒灵顺祠》诗：

> 人居涧壑凑，邑聚岩萼蠢。
> 何年神所依，奠宅山之麓。
> 溯源自五材，疏封视四渎。
> 洁蠲走遐壤，肸蚃昭往躅。
> 驾言黟歙墟，观省吴楚俗。
> 荐币尊故常，竭虔烦史祝。
> 鄙夫愧华渥，拙素诅徼福。
> 杰观户灵宇，万象森在目。
> 春声动阛阓，雨气暗川谷。
> 眷焉怀民隐，无将侈游属。

清康熙二十五年（1686），江苏巡抚汤斌上疏皇帝，指出五通庙为"淫祀"，应予撤毁，得到允准。故在当时，位于各州、府、县邑的灵顺庙，大都将庙中的"猖神"像改奉为关羽像，使灵顺庙变成了"关帝庙"。但此举不能消除民众的信仰，散布在乡间未毁的五通庙或五显庙，香火之盛丝毫不减，江湾的五显庙即如此。

周王庙。清光绪版《婺源县志·祀典》记载，江湾的周王庙，祭祀的是"周宣灵王"周雄。周雄（1188—1211），南宋孝子，字仲伟，临安府新城县渌渚人。幼随父贾于衢州，父丧后侍母至孝。母病革，祈神于婺源之五显庙。返归途中，舟至衢州双港口，闻母讣，仰天椎胸，一恸气绝，尸僵立舟中不仆。衢人见而异之，感其诚孝并尊奉为神，漆身塑像，立庙以祀。淳祐元年（1241）因谢后祀之病愈，理宗授封其为"护国广平正烈周宣灵王"（一说元朝至正年间顺帝敕封）。此后，周王庙广祀于江浙、徽州一带，香火不断。《婺源县志·孝友》中记：清代江湾人江世焕，"性至孝。就商南溪，闻父病遽归。延医罔效，至本村周宣灵王座前默祷，刲股以进，父遂愈"。由此可见，周雄极尽孝道的事迹，在江湾影响较大。

可令人困惑的是，江湾的这座周王庙，前些年重建时却改成"周孝侯庙"，周孝侯庙祭祀的是周处。周处（236—297），西晋平西将军。字子隐，义兴阳羡（今江苏宜兴）人。少时凶暴，为祸乡里，人们把他与长桥下的独角蛟、南山上的白额虎并称为"三害"。稍长，幡然悔悟，射虎斩蛟除害补过，并入吴郡求学。曾任吴东观左丞和晋新平太守、广汉太守、楚郡内史、散骑常侍等，为当地百姓做了不少好事。元康六年（296）授任建威将军，率兵出征平西；次年，遭梁王司马肜陷害，被迫以五千兵力与叛军齐万年七万之众交战，弦绝矢尽，力战而死。建武元年（304）追赠"平西将军"，封"清流亭侯"，谥曰"孝侯"。对于江湾因何把祭祀"周宣灵王"周雄的周王庙，变为了祭祀周处的"周孝侯庙"，问及今人，皆茫然不知矣。由此看来，民间对赋予"神性"的历史人物，由于时间的久远，在不断演变中完全有可能"张冠李戴"。

今日江湾，水口建筑群除部分新立庙宇外，仅剩一座培元桥了。培元桥为块石砌筑的单孔石拱桥，长5米、面宽4.5米、高4米。清乾隆版《婺源县志》记载，其由村人江世资建于明万历壬寅年（1602）。此外能见到的，还有几棵岿然屹立于水边的大樟树。古樟树干横斜参差、苍劲雄浑，叶片密密层层、披青展翠；山风徐来，枝叶轻轻摇曳，像似喁喁低语诉说着江湾水口的变迁史。

清华 清溪寻幽

胡兆保

清华，以"清溪萦绕、华照增辉"而得名。唐玄宗开元二十八年（740），朝廷为了加强统治，划出歙州休宁县回玉乡、饶州乐平县怀金乡，于农历正月初八日正式建立婺源县，县治设清华。直到唐昭宗天复元年（901），婺源县治由清华迁移到县境南部的蚺城。在这160多年中，清华一直是婺源政治、经济、文

化的中心。当时称清化镇，南唐保大元年（943）改名清华镇。唐宋时期，这里曾建有城墙、寺庙、宝塔、牌坊、书院等建筑。

沧海桑田。清华许多古建筑都已消失在历史的尘埃中，惟水口之青山绿水依然存在，古建筑的遗迹尚依稀可见。我们仍可循着谱牒或从老人的记忆中，去寻觅清华水口的历史风貌和故事传说。

旧时清华老街分上市、中市和下市，源于大鄣山五股尖的古坦水萦绕着清华上市、中市，弯弯曲曲地向村水口流去。清华水口由古庙古桥等建筑群与山体、树木植被一起，构筑成一道别致的水口景观，既增强了整个村落的"锁钥"之势，又成为一处环境优美的村民活动休憩场所。

清华水口恰是古坦水与浙源水汇合处，右侧寨山高耸，左岸关帝庙、齐总管庙、王靖忠庙和文昌阁等建筑群巍峨挺立；聚星桥横跨两岸，与上游的彩虹桥遥

▼清华全景（张银泉摄）

相呼应，形成"两水夹明镜，双桥落彩虹"的美景。

寨山坐落在清华下市对岸，据《清华胡氏续修世谱》记载，"寨山，本境锁钥也。唐开元间备寇立寨于此，故名。故有塔，今旧址存。山极峻拔，苍翠欲滴。"清华八景诗《寨山耸翠》称："气钟雄势控群山，黛色苍苍耸汉间。万古云收开鸟道，几番雨过洗螺鬟。茹芝疑在蓬莱去，采药如从阆苑还。中有幽人耽雅趣，时穿腊屐乐跻扳。"又曰"峰高色亦奇，滴翠如净沐。支起半轮天，遥遥俱属目。""畴昔屯军擅寨名，而今桧柏竞敷荣。乡庐倚此参天柱，岳降贤良早著声。"《世谱》还注明："白茅洲是本境第二锁钥。长滩岭是本境第三锁钥也。"

水口不仅有村庄入口的功用，更是村落兴衰的象征。聚星桥便是清华水口的杰作。它既是徽饶古道上普通的民用廊桥，也是清华水口建筑群中精彩的景观。聚星桥不仅把两岸连在一起，使得利用河流空间成为可能，而且将水口的楼阁等诸多景观融合成为一个整体。

聚星桥，俗称下街桥，与彩虹桥一样，也是一座由青石桥墩木板桥面构成的廊桥。桥长百米出头，中间五座桥墩矗立河中，两岸各立一墩。全桥由高低错落的七座廊亭连成一条古朴壮观的长廊。桥墩与桥墩之间均以木梁横架，木板铺设桥面，木椽青瓦结顶，廊亭两侧有危栏和长凳供行人观赏憩息。桥墩全用青石砌成，前端呈尖状，俗称"燕嘴"，仿佛飞燕伸出桥廊，正欲昂首搏击长空。

聚星桥由清华五显庙头陀隐谷募捐始建，后由车田洪忠益独资兴建三座桥墩，加各方筹款陆续完成。乾隆甲子年（1744）秋七月遭洪水冲塌，后重修，据《重造清华聚星桥序》称，"己丑岁竟传桥已落成，募造者则僧人省宗""闻而爱之重之。适有事经此，见雁齿含波，虹光落彩，规模仍旧，而牢壮过之。山光水色，市宅烟村，若焕然一新。"光绪年间曾再次重修。桥上有晚清进士、江西审判厅丞江峰青题写的楹联："东井聚星多，爱此间水木清华，倚柱留题，跌宕文章湖海气；北仓遗址在，问当日金汤建设，凭栏吊古，模糊烟雨晋唐碑。"

料想不到，这座蕴含着清华人文记忆的廊桥，在20世纪70年代修建公路时，聚星桥亭阁桥廊包括桥墩竟然被一一拆毁，令人唏嘘不已！

清华水口处还曾建有文昌阁、风水塔、关帝庙，这些建筑物在水口营造，增

▲《清华胡氏续修世谱》中清华古县图

添人文气息，彰显和谐儒雅，以及民间信仰的需求。清华水口庙宇主要祭祀关帝、齐总管、五显等神灵。现坐落于河对岸的齐总管庙，原来是建在清华下街水口关帝庙旁的。明嘉靖刊本《清华胡氏统谱》编绘的"清华古县图"中，明确标明齐总管庙设清华下街处。清华建齐总管庙，是为了祭祀窑神齐总管。因为清华历史上很早就是青瓷、青白瓷等民用瓷器的产地，宋明两代更孕育了不少制瓷名工巧匠。齐总管是婺源齐村人，宋代任浮梁陶丞。因劳于工事，误毁御器，抱愤吞器立死不仆，临安（杭州）、清华等地遂建"齐总管庙"，尊其为"窑神"。后来，清华的齐总管庙改建到对岸双河，原址便兴建五显庙。清代婺源的五显文化兴盛，清华五显庙香火不断，当时的五显庙头陀隐谷募捐成功，建设聚星桥，可见其影响力、号召力非同一般。

　　清华水口的古戏台、文昌阁和聚星桥为村民提供了公共活动场所，也为村落创造了一个个共同的回忆。

如今，人们依然可诵读着古诗《双河晚钓》中的"夹涧回环驾小舟，持杆独钓任波流。荧荧星月明如昼，相友相随狎水鸥"，想象旧时清华水口暮色苍茫的优美景象；也可以吟诵着"山光水色共悠悠，间钓斜阳得自由。碧玉关头垂蟮饵，绿杨影里着羊裘。严陵去汉人争慕，吕望兴周世罕俦。只恐非熊重入兆，未容垂白不公侯"，去想象东汉严子陵隐居不仕垂钓富春江、商末周初姜子牙直钩垂钓渭水河的历史画面，抑或细细回味"扁舟钓月明，偶到双溪渚。溪水两萦回，几迷舟出处"的水口月下情思。

清华端午节有龙舟比赛的风俗。每年农历五月初五，水口两岸，聚星桥上，观众人山人海；龙舟竞渡开始，两岸锣鼓喧天，村人奋力拼划，喝彩声欢呼声此起彼伏，热闹非凡。清人胡聪的《观聚星桥竞渡诗》："高踞虹桥望眼新，画船蚁织闹江滨。栏挠影沸千层浪，鼍鼓声喧两岸人"。记录了清华水口聚星桥上观龙舟竞渡时盛况空前的景象。

水口的古戏台，背靠大河，面朝红庙，每年举办庙会，酬神祭祖，都要请戏班来热闹一番。"汪帝会""浴沸节"，要演戏，还有在民俗节日上演的"端午戏""重阳戏"，反正有节庆便演戏，或请外地戏班，或由本村票友献艺。当时请戏班演戏是一件喜庆的盛事，出嫁了的年轻妇女要回娘家，四乡八里的亲戚朋友要相互邀请。戏台前摆满了各家各户端来的木椅子长板凳，占好位置，早早等候，老老少少，都贪图个热闹。

按照"天门开，地户闭"的堪舆之说，聚星桥筑于水口，象应"地户"，增强"锁钥"，扼住"关口"。彩虹桥立于萦绕清华的河流之上游，象应"天门"，地形阔大，成开敞之势。

清华村庄大，天门布局也别有气势。西部茶岭高耸入云，"茶峰叠万层，强半浓云袭"；横街街头张帝庙、周王庙等建筑巍然肃立；彩虹桥横跨两岸，与周边的文笔塔、舂米碓、步云桥等景观组合，形成了壮美的天门景观。

横街街头，古有周宣灵王庙、张帝庙等建筑群。张帝庙又称张巡庙，是明代清华人胡德建造，胡德曾任南京户部主事、云南参政等职，为官清正廉明。传说

▲ 千年廊桥——彩虹桥（詹欣民摄）

胡德告老还乡后，曾做梦回到他初任县官的睢阳县，见到了唐代安史之乱中死守睢阳慷慨尽节的真源县县令张巡。他对张巡十分钦佩，得知清华上街筹建周宣灵王庙时，便积极倡导并带头筹措资金，提出周王庙旁加建张帝庙，并题写楹联："忠著睢阳，想当年月回云深一旅羸兵独障全淮存社稷；灵昭获鹿，指此地沙明水净千秋血食常依旧县壮山河。"称赞张巡为平息安禄山叛军而壮烈牺牲的英雄气节。另一座周宣灵王庙，又称周王庙，是纪念南宋孝子周雄而建。周雄以孝闻名，在短暂的有生之年，尽孝尽忠，做了许多有益于社会、有利于民众之事。周雄又是民间传说中司风雨之神，古时周王庙一直香火不断。

　　彩虹桥，又称上街桥。《清华东园胡氏勋贤总谱》卷之四《东园派二十五世祖永班公像》载："本里彩虹桥始仅木桥，溪暴涨辄坏。班家桥侧，幼贫，负贩供亲。尝出暮归，桥崩不得渡，誓易木以石。每霜雪板滑，为行者病夜披衣起躬扫除，如是者二十六载。既果，协建石桥，桥圮复协修比成疾作，籍赢余手致之同事，曰：'吾志毕矣。'遂殁。"说明彩虹桥最后一次建造的牵头人是胡永班，是一个住在上街桥侧"负贩供亲"的小商贩。是他与林坑庵僧胡济祥一起，募捐创建了这座名垂千秋的廊桥。彩虹桥全长140多米，宽3米。桥身由高低错落的

▲ 彩虹桥（张银泉摄）

十一座廊亭连成。整座桥的形态、结构和工艺与聚星桥相同，最具特色的是桥墩的设计。桥有五孔，每孔即墩与墩之间的距离视河水流速而定，流速较快的地方，桥墩间距较宽；流速缓慢的地方，桥墩间距就窄些。所以桥墩跨度宽处为 12.8 米，窄处仅为 9.8 米。桥墩墩尾上砌有粉墙阁亭，亭中设石桌石凳。桥中间的阁亭内设有神龛供奉三位神像。中间是上古治水功臣夏禹，又称治水禹王，当地人把禹王看作镇水的神仙，希望禹王神灵震慑洪水，护佑廊桥；左右两位则是倡导并组织修建彩虹桥的胡永班与胡济祥。后人为了世代铭记他们的功德，在桥上设神龛灵牌以表缅怀之情。

彩虹桥东岸原有"文笔"石塔。传说旧时河对岸有一小村落，村基酷似公鸡形状，而清华长街则形似蜈蚣，公鸡雄峙在蜈蚣之上，对清华凶多吉少，非常不利。于是清华人在彩虹桥对岸立了一座石塔，塔高 12 米，塔身底层直径约 5 米，全部用特制的青砖和青石砌成。因石塔顶端呈尖状，远看犹如一支竖立的巨型毛笔，因此人们称该塔为"文笔"。传说"文笔"能避邪保一方平安，但在"文化大革命"中，文笔塔却被造反派强行炸毁。

如今桥上有 1982 年重修时题写的楹联："胜地著华川爱此间长桥卧波五峰立极；治时兴古镇尝当年文彭篆字彦槐对诗"，讲述相关彩虹桥的人文佳话。彩虹桥上游的溪埠边，有一片嶙峋的岩石，30 平方米大小，高出水面约两米。据说明嘉靖年间，江苏吴派篆刻名家文彭（书画家文徵明长子）来到清华，与婺源皖派篆刻艺术的创始人何震一起游览。他发现此地碧波荡漾，桥影摇曳，宛如西湖美景，便在这块岩石上刻写下"小西湖"三个大字。后因风雨侵蚀，形迹逐渐模糊。清嘉庆二十二年（1817），婺源知县觉罗长庚（满族人）曾将"小西湖"三字及题款重刻加深，于是后人留诗赞道："淮阳庙外一灯孤，五老峰前飞夜乌。

▲ 清华小西湖（任春才摄）

绝好荷花无一柄，月明空照小西湖。"

　　彩虹桥下游处是清华八景之一的"藻潭浸月"，诗曰："一派澄潭数亩宽，良宵倒浸月团团。分明影射珠宫冷，掩映光摇贝阙寒。龙女徘徊疑宝镜，蛟人起舞讶冰盘。清华公子多情与，歌和沧浪倚棹看。""水间云不乱，倩影自悠悠。皓月时相照，并成一色秋。"彩虹桥与藻潭浸月、小西湖、文笔等景观组合，形成了上街水口一道优美的风景。

　　清华先人不惜代价，在这里营建水口，满足了人们追求文运、财运等美好福祉的愿望，也美化了村落环境。水口对中国传统文化起到了巩固、发展与保存的作用，同时也塑造和增强了村民重乡土、爱家乡的观念。

　　古村落的水口将传统文化展现得淋漓尽致。如今人们站在彩虹桥上，凝望着廊亭里的"清华古县图"，看古街，寻水口，仍情不自禁地发出感慨与遐思。

考水 考槃在涧

何宇昭

从地形图上看，考水的船形地貌一清二楚：两条起伏的山脉如同船舷，中间的村落和展开的田野宛如船舱。船尾是座向北延伸的山坞，名叫黄荆尖，左右两条翻山古道分别通往岭下和读屋泉，连接着前往清华思口和县城的大道。船头是峡谷的出水口，水出峡谷向南拐了一个大弯，流往高砂、福洋，汇入乐安河，并由鄱阳湖而连接长江。这里的山山水水就这么簇拥偎依，营造了一方特殊的自然环境和小气候，山南山北走动的村民们说，峡谷里外，冷暖分明。

这船舷般的山脉，东面是玛瑙峰，南面是南峰尖，西面是汪禹尖，北面是珊瑚峰，峰峰峙立，蔚为壮观。山间树木成群，终日鸟语，英英相杂，可称隐秘幽境。

溪流名叫槃水，源自黄荆尖，沿上坑、章村两条峡谷涓涓而出，经瑶村坦、瑶湾，绕过考水，出村远行。槃水流经考水村庄，人们着意为桥，从考水村北的步云桥数起，迎恩桥、四封桥、前街桥、维新桥、双灵桥，各擅英姿，与桥下的清波，水边的石埠，岸上爬满青藤的老屋相映成趣。《考川明经胡氏宗谱》中记载还有明经桥、长寿桥、云峰桥、书院桥等，每座桥梁的诞生都记录着一个励志故事，寄寓着考水人的美好愿望。

考水村建的形胜，《考槃图记》记述得相当分明：

违邑仅一舍，群山穹然如飞，隆然如奔，磅礴迤逦，回旋蜿蜒，聚于其间，曰考槃。水则如环、如带、如榫、如顾，萦纡南出大河，以达于彭蠡者，考川也。

因奇山异水的滋润，考水便有了不一样的天地，吸引了人们探寻的目光。

最早择居此地的是何位高人不得而知，唐朝末年胡三公（胡清）携出生不久的皇子（即唐昭宗李晔之子）秘隐此地之后，这个从前称"胡村"的地方，便改名"考川"，后称"考水"。村名之改，源自《诗经·国风·卫风·考槃》之"考槃在涧"，借以表达硕人隐逸之志。

大唐皇子居于此地，隐藏着一段朝代更替的血腥往事。唐天祐元年（904），从黄巢起义的乱局中形成强大势力的军阀朱温，开始觊觎飘摇欲坠的李唐天下，他上表逼迫唐昭宗迁都洛阳，洛阳是朱温的势力范围，他以此削弱皇权影响，从中获取谋逆之机。皇室奔波途中，何皇后于陕

▼ 考水全景（胡伟民摄）

▲ 唐太子墓（张银泉摄）

州产下一子，势单力薄的昭宗和皇后已经洞察了朱温谋逆企图，自知命悬他手，想保存皇室一脉，藏于民间。在陕州为官的婺源人胡清受托担此重任，刚生下的皇子被"护以御衣，侑以宝玩""庇匿以归"，秘密带到胡村这一幽僻之地，"义养为子，遂从胡姓"。而朱温终于露出了獠牙，将唐昭宗李晔一行200余人斩尽杀绝。

这位易李为胡的唐皇子，借"大得覆翼"之义，取名昌翼，后来考中后唐同光乙酉（925）的明经科进士。他得知身世之后，拒不出仕，安居村中读书授业，并构建"绎思斋"，凿出"畅情池"，终日逍遥其间，从此有了"明经胡氏"一脉。他以诗明志："家住乡庄深僻处，就中幽景胜他人。林园满目犹堪玩，丘亩当门渐觉新。绎思斋中寻古义，畅情池上钓金鳞。人生但得长如此，任是湖边属汉秦。"从中可见他淡于名利却寄意山水。胡昌翼在考川这一幽秘之地活至96岁，死后葬于村北锡子坞，人称"太子墓"。常有天南地北的明经胡氏后人前来寻根问祖，香火长年不断。

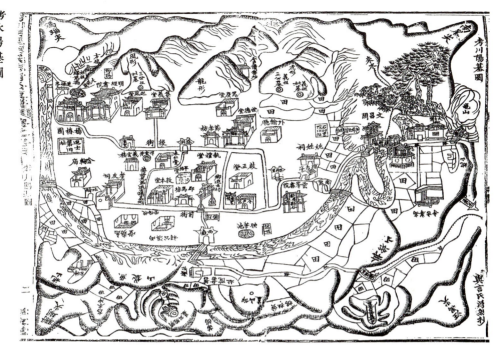

▲《考川明经胡氏宗谱》中考水村村基图

　　胡昌翼的后人播迁四海，却是勇猛精进，科举、入仕、学术、经商，样样出色，像清代巨商胡雪岩、胡贯三，胡开文墨业创始人胡天注，民国大学者胡适，均是明经胡氏后裔。以考水祖居地而言，在宋有朱熹的赞语"明经学校，诗礼人家"，一朝就出了进士16名；在元有明经书院、云峰书院、石坑书院，"四方学者云集，盈至千人"；明清两代依然是人才辈出，入仕经商，著书立说，书画岐黄，各擅胜场。《明经胡氏宗谱·洪武序》中就提到："吾邑考川胡氏，人物之盛，文学之懿，他族罕比。……尝有豪杰客过考川，归语其人曰，考川富贵繁丽，吾无所羡；惟比屋书声，他处所无，为可敬羡耳。"而宋元时期胡伸、胡方平、胡炳文等"七哲名家"，以其深厚的理论功底和学术成就，撑起了一座璀璨的儒学星空。

　　祖先寄意山水的性情，终究在村落的居址上得到充分展现，后人在先辈精神的引领下，不仅精心规划，而且不惜重赀，一代接着一代刻意营造。他们巧借后龙山为倚靠，以槃水为护村河，在村周形成一道防御外人侵扰的屏障，并在屏障四方建有四门，分别为东里、南熏、西瀛、北钥，同时立有莲塘、南熏、仰止、环秀诸亭，便于行旅和农人憩息。村中建筑沿着前、中、后三条古街布局，十几条南北向的小巷勾连相通，将美轮美奂的宗祠民居置于若干小方块之中，而宽阔的转角处又凿出深井以便居民。载于宗谱的《考川阳基图》还标出村中曾有的旌表牌坊"乡进士坊""登科坊""郡马坊""节孝坊""烈节坊"，庵庙"正武庙""关帝庙""金轮庙""步云庵""高峰古寺"，以及社坛、法坛等建筑，记录了考水村历史上的辉煌。

村人十分注重水口的营建，他们因形造势，于村落西南左右对峙的龟、蛇二山垒造村落咽喉，形成"龟蛇把谷口"的地势。为提升水口环境和发展功用，村人于龟、蛇二山广植树木，还在溪流上横架起能"藏风聚气"的双灵桥、维新桥，并建有文昌阁、大士阁、文笔、水碓等。这还不够，又在维新桥前特意筑造出一道"之"形的水坝，且在水坝上下种植乔木花卉，迫使槃水北回一段后又复往南，使水流弯曲，一改一泻而出的水势，更符合"藏风聚气"的要求。数百年来，水口处香樟、苦槠、枫香，参天而起，洒下大片浓荫。如此营造，既炫示了家族的荣耀，又展现出村落的伦理教化、耕读理想和思安心态，由此形成了远近闻名的村落景观：

> 观夫诸峰森罗，林树蔚茂，春花兢敷，夏木交荫。翼危亭于层阿，豁飞甍于阑槛。呼元猿而号风，濯清泉以自洁。极登览之娱，穷烟霞之趣者，槃阿之亭也。（《考槃图记》）
>
> 旧谱有考川图，今仍摹而刻之，冠于村基图首，使后之阅斯编者得指之曰"某树吾祖宗所植也，某水某邱吾祖宗为童子时所钓游也"，则水源木本之思，有不油然而生者乎？若徒以山川缭曲，林木葱茏，乐于徜徉肆志焉，则亵矣。（《考川村基图引》）

尽管文昌阁、大士阁、水碓均已不存，但村民的记忆中却是形象分明。大士阁供奉观音大士，常得四方信众香火。而文昌阁规模较为宏大，高有三层，层层飞檐翘角。《明经胡氏宗谱·文昌阁记》："……水口两山对峙，涧水匝村境。……筑堤数十步，栽植卉木，屈曲束水如之字以去。堤起处出入孔道两旁为石板桥，度人行，一亭居中翼然。……有阁高倍之……榜其楣曰：文昌阁。"

立于关山上的文笔塔，是一砖砌的圆形柱体（2米高的基座呈八卦形），高约13.6米，上面攒尖顶，仿毛笔倒插之意。受堪舆思想的影响，在婺源，文笔塔遍布乡间。清人高见南撰堪舆书《相宅经纂》说："凡都省府县乡村，文人不利，不发科甲者，可于甲、巽、丙、丁四字方位上择其吉地，立一文笔尖峰，只要高过别山，即发科甲。或于山上立文笔，或于平地建高塔，皆为文笔峰。"其中所说的"立一文笔尖峰"，就是考水关山上着意建造的这种砖柱，山间高耸，十分醒目，风及四方。

维新桥建在出村古道和石灰古岭的交会处，飞翔于槃水之上。维新桥始建年代已经不详，有记载的最早重建时间是清康熙十七年（1678）。这是一座石砌的单孔石拱桥，长16米，宽6米，高5米；桥上架有四开间的亭廊，四面砖墙，木柱梁檩，青瓦覆顶。桥旁立有字迹漫漶的古碑，碑记如下：

> 尝观凡石梁之建也，多以济行旅而非专为一乡计也。故每募谕于十方。而我维新桥之助也，专□□村水口谋，而兼以便车舆也。故□借资于他族，虽事以义举，人□□劳。然肇工于丙午年九月，迄工于己酉年秋月，财力之多，亦孔悴已，后之人岂可以享有成劳，而忘庭□造之艰乎？古称三不朽，而□其一也。通分各输与有劳者，悉勒名于石，以昭兹来，谋与斯桥并不朽云。

与碑记相对的桥亭墙面上，是考水村1993年重修桥亭立的告示，其中有数条严禁：

> 严禁用刀斧乱刮亭柱、坐凳，违者照价赔偿；
> 严禁用任何手段撬砖砸石，损坏墙垣和栏槛，违者照赔不贷；

严禁在亭内乱涂乱画，或用稀泥脏物乱塑，破坏环境清洁，影响美观；

严禁在亭内拴牛及其他牲畜，溺尿放屎，污染场所，妨碍公共卫生；

严禁在亭内堆放稻草、灰、粪、柴等物；

严禁在亭内烧灰和烧火堆取暖，以防走火失火；

严禁在亭内进行任何性质的赌博。

这份"严禁"，既是此前多个"严禁"的递承，也是村民不因时光延宕而淡化的护桥护亭情怀在今天的展现。人们心中，水口桥亭庄严无比，神圣不容侵犯。

该亭桥于 2022 年又进行了一次较大规模的重修：

2022 年夏，洪水漫野，维新桥以及周边石坝、道路损毁严重，村民痛而兴之，各方惜而捐之，共聚集资金 8 万余元，于今年冬月择吉动工，年前告竣。复其旧观，增其联文，焕然一新，四方民众合掌称庆，兹将输资芳名勒之于石，以昭后来。

重修后的桥亭悬以联文：

百丈文光辉日月；一川龙气壮山河。

形制规模重循旧；风光气象见维新。

潜龙翔凤地灵人杰；曲水回澜泽沛源长。

昔日挑夫经行停米担；当年游子回望系乡思。

以上四联均为婺源当代诗人朱德馨所撰，融会了考水明经胡氏的千年文化。其中第四联上联"昔日挑夫经行停米担"，是指考水曾为婺北沱口、凤山、沱川一带山区前往南乡中云、高砂等粮区籴米运粮的必经之地，步云岭为其中陡途，挑夫们一路汗流浃背，一到维新桥这里，满山苍翠，凉风徐徐，人倚亭凳，俯视周边风光，可以得到很好休息。而下联则指考水一带外出发展的人很多，维新桥是他们告别家乡，频频回首之标志性建筑。

除连接思口、沱川一带的步云岭外，考水周边还有数条古道：一条经大岭到岭下、太子桥至县城；一条经小岭往炉头、太子桥；一条经石灰岭至呈坑接高砂；一条是过双灵桥通往王家坦；一条沿河而行至岭底、松下湾、松下店至中云；一条经星堂越高仓岭接高仓；一条经上坑越另一条高仓岭接高仓、仁村；一条经大田接龙山、桃溪、长尧；一条经大田越小源岭接小源、横路。尽管考水古属幽境，但古道四通八达，扼守于考水水口的维新桥亭当然是无数行旅常萦梦中的乡愁。

距水口不远的、通往王家坦的"双灵桥"，为石砌单孔拱桥，现已不存，《婺源县志》记载："因桥下水底有石状类龟、蛇，故名。"

除维新桥外，考水的水口还在延续。村人心中，从石灰坞口往西南方向，沿河有徐家（村）、麻榨岭、倒荷坞、泗洲庙、牛栏边培，均是漫山苍翠，树荫浓密。至双溪口桥处，当槃水与从大田方向南来的菊溪相汇，才算暂别了村庄温暖的目光。双溪汇流处北向的石网山（鱼形林）上，一片苍翠起伏的茶园，近2000亩，茶丛齐整，茶行蜿蜒，其铺展而富于变化的景观吸引了四方游人、摄影师及摄影爱好者（2019年5月，这片列入大鄣山有机茶基地的茶园，荣获"卡洛·斯卡帕国际园艺奖"）。河水朝西，被一座名叫"月落沉江"山形挡而向南，那里有一处属于考水人的风水祖墓，据说墓葬深及地下七层，在当地很有名气。就在双溪汇流之处，一座雄伟的考水牌楼耸起在这片山水之间，注目人们的远行和归来。牌楼的四柱之上，刻着今人的几副对联：

> 一川毓香，皇胄孤臣兴氏族；万脉朝宗，鸿儒巨贾溯源流。
> 举笏朝天，山崇龙凤灵脉；考槃在涧，水汇阴阳长源。
> 报国见臣贞，三公忠义传千古；济时生人杰，七哲声名播九州。
> 岁月沧桑，脉脉唐风宛在；文明熏染，悠悠古韵常新。

文字不多，却浓缩了考水的古往今来，令观者肃然生敬，回味再三。

洪村 苍翠周围映髻鬟　　　汪发林

　　婺源北部洪村，古称"鸿椿市"，今属清华镇管辖，省道就从村边通过，交通十分便利。整个村落镶嵌于锦峰绣岭、清溪碧水的河谷之中，潺潺流淌的鸿溪呈"S"形从村前绕过，鳞次栉比的房舍依傍在鸿溪北岸，就像是一道弯弯的月牙。旧时，洪村就有"半月溪水半月村"之说。

　　洪村是婺源洪氏的主要聚落之一，始建于北宋初年，现有 150 多户 540 余人。洪村自然风光秀美，建筑特色鲜明，文化底蕴深厚，是有名的"长寿古里"，2013 年被住建部列入第二批中国传统村落。

　　婺源洪姓分为"共洪"和"弘洪"两大支系。据光绪二十年（1894）鸿椿"光裕堂"续修《敦煌郡洪氏宗谱》所载，洪村之洪为"共洪"，以"怒触不周山"的共工为远祖。东汉时，敦煌人共勋，因平黄巾寇有功，被封武阳侯。其子共普，东汉灵帝时为长乐从官史，食邑三百户。时宦官曹节矫诏诛陈蕃、窦武，共普怕受牵连，祸及生命，因此弃官从父归隐，徙居青州。因感于水德，添水于左，易"共"为"洪"。共洪以敦煌为郡望。洪普后裔二十七世洪延寿，官至长史，于唐初自歙县篁墩迁居婺源黄荆墩（初名轮溪，后名洪源，即今大鄣山乡车田村），成为婺源共洪的始祖。

▼ 洪村村口（张银泉摄）

▲ 洪村匾额（任春才摄）

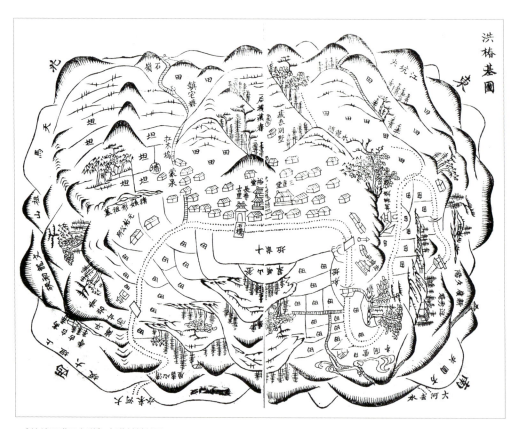

▲《敦煌郡洪氏宗谱》中洪村村基图

北宋仁宗天圣年间（1023—1032），延寿公后裔洪济（字元祐），从洪源戴坞迁居鸿椿，成为洪村的开基祖。传说他迁来之前，每年清明前都要经过这里去甲路祭扫祖墓。有一年，他在山坡地上植下一棵香樟和一棵银杏，以"植树定村"，便搬到这里来定居了。经过千百年繁衍生息，终于发展成今天的洪氏大村落。

洪村在历史上，虽然崇文重教，但科举并不兴盛，只有两人通过科举跻身仕途：洪钧，由邑庠生中式嘉庆戊辰（1808）恩科举人，官至内阁中书；洪镇，由邑庠生中式道光甲辰（1844）恩科举人，丁未（1847）会试挑取誊录，补授漳州府南靖县知县。而通过其他途径成为官员的，则有温州知府洪禹臣、太平县主簿洪禹朝、礼部铸印局大使洪振荣、亳州训导洪炘、龙泉县丞洪修意、泰州东台场大使洪溶等 20 余人。

明清时期，洪村在外经营茶叶和木材的商人相当多。仅清一代，除数代在金陵经营木业的洪立登一脉外，另有贾于粤的洪启煌、洪启炜兄弟，贸易于江苏如皋的洪立佳，服贾于屯溪的洪文堃、洪廷俊，服贾于饶州珠山的洪恩需，服贾于乐平的洪作梅，随父业茶于浙江的洪祥鼎等。他们经商致富之后，大多返回故里，除花大钱构建自己的宅第外，还十分热心于公益事业，营建洪村的基本格局。

考察洪村的主要发展脉络，洪钧无疑是至关重要的历史人物。洪钧（1770—1852），字造深，号梅坪。嘉庆十三年（1808）恩科举人，授内阁中书。其实洪钧在京城任职时间并不长，当时其父洪立登在南京上新河经营木业，生意做得很大，需要儿子倾力协助，他只好辞官回乡，悉心打理父亲的木行。经过 20 多年奋斗，终于成为一代木商领袖，赚到的银两无法估算。他尤其热心公益，道光五年（1825）参与编修《婺源县志》，道光二十七年（1847）独力捐造"文公阙里"，又于上江考棚建"节孝总坊"。"凡诸善举，悉署父名，深合古人'善则归亲'之义。"他以自己竭力亲为的实绩，去光耀父亲洪立登"乐善好施"的美名。同治六年（1867）他的木主入祀婺源乡贤祠。如此亦儒亦商、孝友家人、热心公益的洪钧，的确是洪村商贾的模范。

走进洪村，漫步于幽深的古巷，那些彼此勾连的深院高墙，仿佛还在隐隐透

▲ 奉宪养生碑（胡红平摄）

▲《公议茶规》碑（胡红平摄）

露着二百多年前洪立登、洪钧等人的气息。洪氏宗祠"光裕堂"、霭庭公祠"三昼堂"、洪钧故居"中翰第"、立登故居"思善堂"、洪炘故居"大夫第"等，或雄伟或简朴，或大气或婉约，或奔放或细腻，都在"诉说"着洪村曾经的辉煌与故事，构成村落气脉的大写意。那些砖雕、木雕和石雕，它们以具象或意象，隐喻着洪村先人对"修齐治平"的向往和追求。

清代嘉庆至道光年间，洪村在外经商者众多，松萝茶十分畅销，来洪村进行松萝茶交易者颇为热络，使得洪村一度成为闻名遐迩的茶市。嵌于洪村宗祠"光裕堂"右侧外墙门口边的《公议茶规》，正是这段茶叶交易历史的实物见证。碑文记载了当时全村茶农就茶叶流通所制定的村规民约：

阖村公议演戏勒石，钉公秤两把，硬钉贰拾两。凡买松萝茶客，入村任客投主，入祠校秤，一字平称。货价高低，公品公买，务要前后如一。凡主家买卖，客毋得私情背卖。

如有背卖者，查出罚通宵戏一台，银伍两入祠，决不徇情轻贷，倘有强横不遵者，仍要倍罚无异。

一、买茶客入村，先看银色，言明开秤。无论好歹，俱要扫收，不能蒂存。

二、茶称时，明除净退，并无袋位。

三、茶买齐，先兑银，后发茶，行不得私发。

四、公秤两把，递年交值，年乡约收执，卖茶之日交众。如有失落，约要赔出。

道光四年（1824）五月初一日，光裕堂领耆、约、保同立

古代徽州的世家大族，在营建村落整体布局时，都十分重视水口文化建设。但洪村不在大江大河的岸边，而是在一个相对封闭的山间小盆地里，溪水环绕，水量也不大，这就决定了洪村水口与大多数村落的水口有着较大的不同。洪村水口位于村落的东南方位，与村落几乎连成一体，没有明显分界线。架在村前鸿溪上的大小古桥有十余座，其中与洪村距离很近的有6座，依次是余源桥、培源桥、杨柳桥、居安桥、信治桥和新亭桥，而后四桥均位于洪村水口。

培源桥位于村前正中央，是过去洪村的进村石桥，由12块长条青石铺成桥面，建于清代乾隆年间，同治壬申年（1872）重修。桥头建有"长寿古里"的入村牌楼，两侧还有"奉宪养生"碑和"奉宪禁赌"碑，是洪村区别于婺源其他村落的独特标志，洪村也因此获得"长寿古里"的名号。所谓"奉宪"，是指遵照州府主官行政命令执行。明清时期，徽州府对"禁赌"和"养生"一直大力倡导，违者严惩不贷。

培源桥两边都有石条凳（也是桥护栏），又处在"闹市区"，因而是村民经常聚集的地方。他们并排坐在石条凳上，吃饭、喝茶、聊天，顺嘴说说家长里短、逸闻趣事，享受乡村生活的曼妙时光。

杨柳桥，位于洪村水口胡老爹庙前，为平板过江桥。"杨柳桥"之名系当地村民说法，真实桥名无法考证，因为原桥曾倒毁，重修此桥时却没有立桥碑。

当地老辈人至今仍记得，杨柳桥的桥头原有一座"乐善好施"石牌坊，旌表洪立登。清代道光年间，洪立登在南京上新河一带经营茶叶、木材和绸缎庄，在那里的一条街上，他拥有几十家店铺，人称"洪百万"。他老年回到洪村，在洪村就建造豪宅18栋。他又是个仗义疏财、乐善好施的人，因此，在昔日的洪村水口，就曾有专门为他所建的"乐善好施五世"坊。

居安桥，位于洪村水口，为石拱廊桥。昔日，此桥边有一座水碓，故村民常俗称其为"下水碓桥"。此桥的最初捐建人是洪良庆，建于明正德辛巳年（1521）菊月（九月），系洪良庆50岁寿庆的"献礼"建筑。石拱桥面上的风雨廊亭，在此后的五百年间数毁数建。最后一次重修廊亭，由洪村村委会出资5万余元，于2012年6月竣工。

信治桥，位于洪村水口，石拱桥。桥身长满灌木和藤蔓。桥碑不知何时掉落入河道，被水冲走，欲觅无踪，因此它的建造人及建造年代无法考证。

新亭桥为木廊桥，位于洪村通往上堡的路上，离洪村约0.5千米。所谓"新亭"，实指桥之廊亭，并非桥名。此桥无桥名，故以"新亭"名之。最早建于何时、由何人出资建造，无法考证。此桥之廊亭最后一次修葺，是20世纪70年代末。

洪村水口还有两块石碑，一块立于嘉庆年间，刻有"上至南坑口亭，下至下水碓揭，奉宪养生"；另一块立于同治二年（1863），上刻"加禁养生"字样。从这两块石碑可以看出南坑口亭与引秀桥亭是洪村古时"天门"建筑，可以感受到先民的智慧和生态保护意识。在《婺源：中华遗产·乡土建筑》中，就记载了一块"光绪十三年（1887）经中约立"的禁碑："下山碛坞山场，初，新众清业，今被误烧，经中挽情勒石。嗣后，内外人等毋许入山侵害。如再犯者，重罚。"

旧时，洪村周围的庙宇，主要是位于水口河岸的"忠靖祠"（又名"胡老爹庙"）。该庙基占地约80平方米，门口朝鸿溪方向开。庙前置一方一圆两个香炉，还有一个青石质地的"佛家八面多宝台"（当地人俗称"如来佛柱"）。庙门额上书"胡老爹庙"四个楷体大字。庙门两边的对联分别为"庙

▲ 长寿古里（胡红平摄）

内无僧风扫地，寺中少灯月照明"和"天竺如来佛祖是吾长生尊师，凡间释道信士与我永世佳亲"。单从联文看，忠靖祠是个亦佛亦道的民间寺庙。

洪村水口北岸的高台上，有一片蓊郁苍翠的古树群。其中最显眼的银杏树，树龄已近千年，相传是洪村始祖洪济亲手栽种。它高 30 多米，胸围 5.2 米，枝繁叶茂，每年可产白果 400 多公斤。银杏树旁边还有一棵古樟树，比银杏树还粗壮，虽早年遭受雷击，主干已腐空，仅存一根侧枝，但仍生机盎然。

洪村自然风光秀美，建筑特色鲜明，文化底蕴深厚，是有名的"长寿古里"，发展乡村旅游以来，享有一定的知名度，经常有天南地北的游客来到洪村探古寻幽，体验乡村生活的妙趣。当他们遍游村内的光裕堂、三昼堂、中翰第、思善堂、敦素堂、寒梅馆、性善堂、公议茶规碑之后，也常常会来到洪村水口，感悟村庄水口文化和"风俗淳雅"，寻找一份山水之间的幽静和快乐。

严田——方众水汇水口

洪玄发

　　一脚踏进严田，仿佛穿越了千年的历史。严田村是个践行以"人"为本的千年古村落，整个村落布局按"人"字形规划，村东石板路进村为"人"字的左撇上部，沿正街而下直至出村，为

长长的一撇，而一捺则是从朱家总祠向西至朱家水口林。这个淋漓尽致彰显村落形制的"人"字，恐怕只有北宋进士、严田古村的建村祖先李德鸾能如此完美地表现出来。从严田这"人"字形布局，也就不难想象，为什么严田共出了 27 位进士，且仅在宋代就能考中 24 位进士了。

在晴朗的天气，如果从村北的山上俯瞰全村，就会惊奇地发现这个横卧的美"人"是多么的惟妙惟肖，哪是发髻，哪是脸庞，哪是颈项，以及美人那每日用于打扮的梳妆匣都依稀可辨。据村中老人回忆，村东头的田间原有 3 口"宝塘"，一口有出无进，一口有进无出，一口则无进无出。如今只剩那口有出无进的桂湖塘，其他两口在改田年代填没了。村东还有座林木茂密而绵长数公里的火把山，

▼ 上严田村全景（王汝春摄）

村人称为"倒地木"。它刚好与村西那座石壁山形成相拱之势，护卫着这个人字形的村落。村中有个古老的说法，如果倒地木山上砍棵树，那村中就要烧栋房。正是这个带有诅咒性质的传说，使此山上的树木免遭砍伐，至今古木森森。倒地木上接小船槽龙脉，旁有已开发为清风仙境景区。无论是民国十一年（1922）《星江严田李氏宗谱》，还是清代同治六年（1867）《严溪朱氏族谱》，都记载着"青萝幽洞""蓬莱仙观""桂湖清醴""枫井疏烟""双溪环带""万石山城""虹桥锁钥""重兴花雨"等严溪八景。其中《双溪环带》诗中写道："左右溪流汇一湾，清波潋滟影回环。"左边小溪由东往西而流，上有通往王村的石拱古桥——阳关桥，右侧小溪由北向西流去，上有中桥、明德桥等古桥，两溪在朱家石桥处汇流，如一个倒立的"人"字拱抱着村落。右侧小溪入村处有座石堨，土名"羊倌堨"，旁有一条水圳流向村中，朱姓人家为饮水洗涤便利，合族人力修建一处月牙形溪埠，用青石板铺砌，中间用长石板分为三段，上段挑水洗菜，中段浣衣，下段清洗便桶，约定俗成，几百年遵守。溪水穿过暗渠流向多口鱼塘，再转明渠淙淙流到朱氏宗祠门口，左转弯流向一片水田和朱氏下宅人家。流水不腐，

▼ 严田水口林（王汝春摄）

▶ 严田古桥（张银泉摄）

有水则灵。一条带有灵气的水圳穿越了半个村落。

　　青石板路从村外的远方蜿蜒伸入村庄，这是上通徽州下达饶州的古驿道。与严田村毗邻的甲路村，是地处徽饶通衢要道，村名由"甲道"而来。在那略带荒凉的石板路上，偶尔会发现一两处深深的凹痕，那是千百年来奔波于徽饶古道上商贩们独轮车碾压出来的车辙。那时，村中临街店铺有供挑扁担的住宿店，有专供卖小猪贩牛的商人歇脚的店屋，有村中小介（即小姓人家，从事抬轿、吹鼓手等营生）、做戏的人住的戏屋，有烟刨店、纸货店、豆腐店、屠宰店，还有外村望族所建的庄屋，可以存放租粮。如今，老店面尚存近四十家。村中有老店亭多座，透出几许历史的沧桑。斑驳的老墙上那块正对小巷、长出青苔的"泰山石敢当"青石，那条村中少年时穿越过无数次的三尺老巷依旧。

　　村中原有李、朱、王等姓氏所建宗祠、支祠多座，岁月流逝，如今只剩下 3座。其中朱姓的"紫阳世家"宗祠最宏伟，可惜宗祠的门楼在改建为粮站时被拆毁了。据老辈人回忆，宗祠的五凤门楼雄伟壮观，四角悬挂风铃，中间有一块皇帝御赐的"钦点翰林"竖匾。往日，文官至宗祠门口须下轿，武官要下马。这位翰林名叫朱锡珍，为清道光年间进士、翰林院庶吉士，官至户部云南司主事。相传，当年皇帝钦点他为翰林时，问他家乡有什么困难，朱锡珍说起家乡严田缺水。没想到，皇帝答应他为严田解决饮水问题——从邻近的"长寿故里"洪村修

▲ 严田古樟（任春才摄）

一条渠，引水到严田村。消息传来，严田朱氏宗族一片欢腾。而此时，在京师，这位朱翰林正在游街，突遇"天狗吃日"，天一下就黑了，整个京师人人惶恐不安，不知有何灾祸降临。没多久，朱锡珍得病，殁于京师。那条准备修建的水渠也就黄了。

据《严溪朱氏族谱》记载，严田朱氏于元至元三十一年（1294）从县城郊三都香田村迁来，与朱文公同宗。这座朱姓祖庙——秩叙堂，建于元至正十七年（1357），至今已有660余年历史。后历遭兵燹之祸，但经屡次修葺，现仍保持原貌。目前，该祠是婺源境内保存较好的朱氏宗祠。此外，还有一座朱姓支祠"敦睦堂"。

村中朱姓老人传说，建这座祠堂时，为选正梁的木材，木匠师傅先量了一棵位于村口树林的枫香树，总觉得短了一截，就去山坞密林中采伐了另一棵枫香树。砍倒后，搬运却成了问题。这夜，天降暴雨，一股大水将更为粗长的枫香树冲到祠堂坦边。次日天亮时，朱姓族众正准备进山搬运，却发现枫香树神奇地出现在眼前。不久，村外的那棵枫香树却意外地枯死了。

读书乃起家之本。振藻园是村中李姓人家开设的私塾，从早到晚，课程满满。一般是学生上午习字背书，并到先生那里一个个过关，下午由先生讲解课文，每月的初五、十五、二十五则安排教习作文。课文内容由浅入深，从三字经、百家姓到千字文、龙文鞭影，直到四书五经，既识字，又明理。一代代读书人就从这一个个小小的私塾走出，沿着徽饶大路去徽州府、安徽省城安庆和京师参加乡试、会试、殿试，博取功名，然后光宗耀祖，衣锦还乡。据考证，宋绍兴二十四年（1154）进士、诗人李知己便是振藻园原主人的先人。

　　沿着川流不息的水圳向村落南部行走，有座清代拔贡屋。据拔贡的后人介绍，他的祖上靠种山为生，开荒种了许多油茶树，凭着勤俭发了笔小财，后来捐了个拔贡功名。沿村中巷道信步而行，连片的古建筑鳞次栉比。从老人的口中得知，这是一位名为文祥和的小介，发家致富后为报恩而一鼓作气为李姓穷苦人建的房子，一共有十八幢。房子里外都有雕刻，其中一幢的门楣上有"鲤鱼跳龙门"的砖雕图案，这是民间雕刻的传统图案，意在激励后人努力读书，通过科举考试能金榜题名，进士及第。

　　严田李姓是李唐皇族后裔，尊唐太宗李世民后裔京公为一世祖。春晖堂是一个李姓支祠，反映的是李姓宗族一支的历史。这座俗称"八家"的众屋，是这一房里官人们下轿的官厅。村中老辈人说，八家这一房人丁兴旺，读书中举及第的人多，宋代24位进士中这一房就占一半以上。

　　经过李家八字门，就是恒兴号客馆。这个雕刻精美的客馆据说是主人因女儿即将出嫁，为招待客人而建的。木雕是这间客馆的精华。三组六扇的雕花隔扇门，裙板上都刻有一只花瓶，花瓶中各插着一种时鲜水果，从左到右依次是香橼、佛手、柿子、荔枝、石榴、桃子。而中间一组花瓶的瓶身上还有"囍"字和一只倒挂的蝙蝠，寓意福喜临门。门楣上方是大幅的双凤朝阳木雕，两只吉祥鸟，在太阳下翩翩起舞，左边是紫嘟嘟的葡萄，右边是凌寒独开的梅花，小格中还雕有暗八仙。梁枋上则是一幅与前不同的鲤鱼跃龙门木雕图：高高的拱形龙门，水边立着一只饥饿的鱼鹰，正盯着河中那条一跃而起欲过龙门的大鲤鱼。一旦跃不过去，疲惫不堪的鲤鱼将成为鱼鹰的美味。这幅图对激励后人读书求功名，又多了一层警策的寓意。

　　沿石板路出村，是一片田园风光。行到一座高高的古石桥时，左右两条小溪在此汇合，石桥与桥边樟树如同两位护佑村落平安的将军，日夜值守着。

　　究竟严田水口具有怎样的形态特征呢？2023年，北大建筑与景观设计学院的师生经过实地勘察认为：严田村的水口为"一方众水所总出处也"。

　　"望山者，心归田，意于原野。"如今，严田村构建乡村振兴的"严田·望山生活"模式，以最自然的方式展示着古朴村庄的魅力。

游汀 狮象把门 明理崇义

潘彦

游汀村名的由来，与水有关。

关于"汀"字的含义，《说文》中段玉裁注"水平谓之汀，因之洲渚之平谓之汀"，徐锴注"水岸平处"。流经游汀村的水叫作赋春水，古称杭溪水，游汀村便位于赋春水上游岸边，据《游

汀张氏宗谱》所述，甲道张氏二世祖张休择居游汀，建村于游波宽缓的河东岸平地之上，因而得名游汀。

未有婺源之前，便已有游汀。

婺源置县于唐开元二十八年（740），但根据《游汀张氏宗谱》记载，"唐初，婺源未置县，西乡实割番之怀金，而游汀为番王吴芮著迹之所"。吴芮，秦时为番阳令，刘邦建汉后获封长沙王，为汉初八位异姓诸侯王之一。不论吴芮是否真的在游汀留下过足迹，依据宗谱所载，早在婺源建县之前，游汀当地已有土著百越人建村居住。

游汀的建村史就是一部迁徙史。与婺源村落大多聚族而居，一村一族不同。旧时，游汀村有"四门""六村"之说，"四门"指的是聚居游汀的方、胡、

▼ 游汀全貌（张银泉摄）

▲ 九间桥（张银泉摄）

张、许四大姓，"六村"指的是新宅（今下屋）、正坞（今上屋前街）、洪村、塘下（今上屋）、北楼（今许家）、蕉园六个自然村聚落。唐高宗上元年间（674—676），镇头店方姓始迁建村，其居住地称"蕉园"，今已废。五代十国时，后唐庄宗同光三年（925），甲道张氏二世祖张休择居游汀，为游汀张氏始迁祖，其聚居地称"新宅""正坞"。南宋高宗建炎年间（1127—1130），清华胡氏迁居游汀，其聚居地称"塘下"；明代英宗天顺年间（1457—1464），许村许氏再迁游汀，居于村北，称"北楼"。至此，游汀"四门""六村"格局基本形成。

择水而居的游汀人没有选错，山水形胜的游汀村向来以风物闻名。古人概

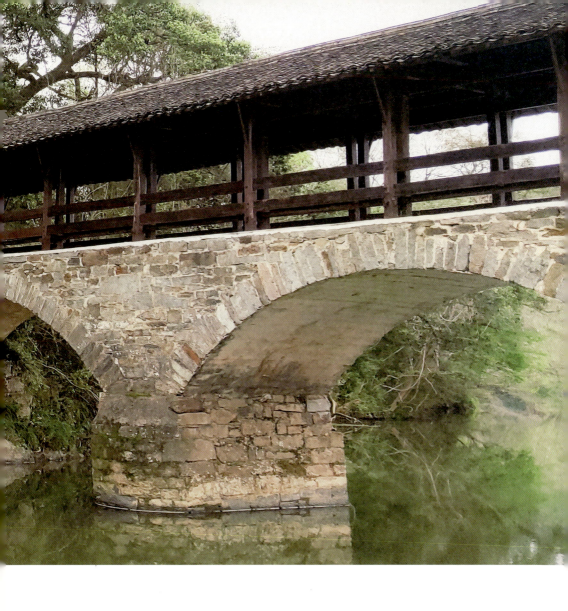

括游汀胜景，有"锦园春色""桂岩秋光""乌塘晚风""碧湾夜月""学堂岩石""拥书林泉""琵琶环绿""衣带绕青""圣山朝雨""灵祠晓钟"等十景，明代婺源坑头村进士、都察院右都御史潘珍曾题诗十首赞咏，至今仍收录在《游汀张氏宗谱》之中。此外，还有金鸡岭、洁波潭、庆亲亭、八婆街、梯云岭、皂角岭、折柳亭、青春馆、琉璃巷、头巾岩、洗砚池、汲古井等名胜古迹，虽跨越光阴早已物是人非，但闻听其名仍让人顿生寻古探幽之趣。

古人择游汀而居所耗费的心力，在游汀水口的布局中最能得到体现。游汀村的水口位于环村而过的赋春水出村处，是典型的出水口。水口处植有茂密的水口林，左右双峰对峙，分别被称为"狮山"和"象山"。游汀水口的营建，按照徽州村落的水口园林进行布局，水口处原建有关王阁、万寿殿等庙宇建筑，以及水口桥、水口亭等附属设施。今日，除重修的"九间桥"廊桥外，均已不可见。

历史上，游汀村人文鼎盛，科甲蝉联。据《游汀张氏宗谱》记载统计，自宋至清，村内有进士 13 人，解元 1 人。宗谱中所记"义赎朱家祖田"的张敦颐之义举最为世人所称道。

敦礼节，尚名义，厉廉耻，以变其鄙薄，可得而书者，今于徽之婺源见之。婺源，文公朱子父母之邦也。其先吏部，在宋政和戊戌以上舍出身，调建州政和蔚，丁艰服除，调剑之尤溪，历靖康、建炎，至四年庚戌，文公生焉。乱亡未定，涪湛管库以自给。同郡张公敦颐教授于剑，邀与还徽。而吏部之来闽，质其先业百亩以为资，归则无以食也。张候请之赎之，计十年之入可以当其直，而后以田归朱氏。癸亥，吏部没。张候以书慰文公与丧次，而归田焉。既葬吏部于剑之崇安。丁卯，公自建宁举进士，明年登第，授同安簿。绍兴庚午，省墓于婺源，以其租入充省扫祭祀之用。

元虞集（1272—1348）《朱文公庙复田证》中，将"义赎朱家祖田"的来龙去脉讲得一清二楚。

张敦颐是南宋绍兴八年（1138）的进士，自幼天资聪颖，勤奋好学，出仕后历任浑州左司理参军、南剑州教授、宣城副守、舒城太守、衡州太守，历官四十余年，每到一处均为官清廉，勤政爱民。担任南剑州儒学教授时，因与同乡朱松交好，朱松即为一代大儒朱熹之父。在得知友人朱松为筹备赴任福建政和路费而变卖了房产和祖田时，张敦颐捐出自己十年的俸禄，赎回了朱家百亩良田，并在朱松病逝后，将赎回的田契交还其子朱熹。为此，朱熹中进士后专程赴游汀向张敦颐致谢。张敦颐不仅为人豪侠尚义，而且学术造诣高深，作为南宋文献学家、理学家，著有《韩柳文音注》《六朝事迹编类》《衡阳图志》等，其著作 39 部 201 卷收入《四库全书》，在婺源籍名家学者中，仅次于朱熹的 40 部。

与张敦颐一样，其胞弟张敦实也以大义而闻名，作为南宋绍兴五年（1135）的进士，张敦实宦海生涯中历任慈溪县令、知信阳军、监察御史。任职信阳时，未雨绸缪，在偏僻山谷盖草房百间，任满离去后，金兵来攻，全城军民逃往草房躲避，得以保全。任职奉议郎，不畏劳苦，在淮西都护府遍历山川形势，设立堡寨，召集万人充实军营，开垦耕田六万余亩，使金国不敢贸然侵犯。任职监察御史时，为户部驳回徽州减免丝绢一万六千匹的奏议，仗义执言，抗疏至上。

张敦颐与张敦实一同被后世尊为"双贤"，游汀村内也建起了"双贤祠"加以崇祀。其后，"双贤祠"虽难觅踪迹，但游汀人明理崇义的传统却得以代代相传。

大约在张敦颐、张敦实之后一百年，游汀人张学龙、张存中在南宋灭亡后，效仿婺源乡贤许月卿怀念故国"三年不发一言"之事，深居简出，不与世争。他们在游汀村北面的大岩下筑起草房，坐在岩石上日夜苦读，无不间寒暑。明代都察院左副都御史、福建巡抚，婺源济溪人游震得有诗云："吾乡两夫子，并得气之清。无意干元禄，有功在圣庭。书香传奕叶，著述见遗经。享祀应难泯，馀辉接考亭。"世人亦谓之"双贤"。

在游汀历史上，以义字立身的又岂止前后"双贤"这样读书明理的名家。千百年来，"义"早已深深融进了游汀人的血脉。在《游汀张氏宗谱》中便记载了这样几个普通人的故事。明正德十五年（1520），游汀人张弹之父督军饷进京，不幸染病暴卒于京城，时年仅16岁的张弹，扶着父亲的棺椁，风餐露宿，哀号奔走数千里，终于让父亲得以魂归故里。游汀人许庆春，与好友一道做生意，所获盈利仅为其二子置薄田数亩用以温饱，剩下的二千余金不置田产，专行善举，遇饥寒则施衣食，修桥路则乐捐输。游汀人张庆滋，在村口桥亭拾得白银数十两，苦追失主数里不可得，便日日携银坐于桥亭中等候，终于完璧归赵。

婺源，因其为文公桑梓而获"文公阙里"之美名，世人皆称赞婺源百姓"读朱子之书，秉朱子之教，执朱子之礼"，千百年来，择水而居的游汀人对此做了最好的印证。

大畈 千里来龙鳙水长

汪鸿欣

灵山脚下的大畈村

　　婺源民间有副"千里来龙归大畈，一堂山水养沱川"的对子，既是对大畈汪氏人杰的褒奖，也是给沱川余氏科举的赞誉。大畈于唐末乾宁二年（895）建村，以汪姓聚居，现有人口 2700 多人。这里历代文风鼎盛，科第蝉联，据县志记载，曾先后有 20

▼ 大畈村鸟瞰（汪立浪摄）

人进士及第，七品以上官员达 103 人。其中以领导中国军民"师夷制夷"，抗击葡萄牙殖民者，收复香港屯门的明代名臣吏部尚书兼兵部尚书汪鋐为最。

大畈水口位于大畈村南面。鳙溪水贯穿村庄后，由北而南从东面巽山与西面高路山中转西南方向流出。大畈水口营造始于唐末，而后范围逐步扩大和完善，主要由中洲古林、鸳鸯斗、高林坦存泽祠、赵家坦、济口歙砚作坊、汪王庙、千年古樟、牌坊群等组成。由于历史沧桑，如今许多已经不存。但近年来在水口处又新建了如婺源歙砚文化博物馆、歇马亭、武经大夫亭等建筑，继而再续大畈水口的文脉。

中洲古林

中洲古林是大畈的水口林，位于南出村三百米的河心绿洲，面积约 30 余亩。绿洲形如月牙，将鳙溪一分为二，因此俗称中洲。汪氏始迁时开始营造，洲上

▲ 大畈水口高林坦、中洲古林（易希牧拍摄）

樟、枫、枥、松绿荫蔽日，苍翠参天。据 96 岁的汪禄生老师说，明代民族英雄汪鋐荣归时，嘉靖皇帝赐了一批树苗，后都种在了中洲上。中洲的林木也因此更受乡人重视，并请专人看管及护理。遗憾的是如今只留下十多棵古樟，仍蔚为大观，令人遐想。汪禄生老师有诗赞曰：

> 鳙水滩头一绿洲，经唐经宋近千秋。
>
> 松虬枥挺今何在？樟荫杉林亦解愁。
>
> 曲径迂回终有路，丛林衔接可通幽。
>
> 尘嚣远避真佳境，世外桃源此处求。

鸳鸯斗原来叫"汪王斗"

在鳙溪河之中紧接中洲北端有斗潭，其形如斗，广数百尺，深数十尺。潭沿巨岩平伸，古枫荫罩，雾月流空，光映潭面，是大畈铺溪四景之一"斗潭浸月"。

从湖南洙州《醴南汪氏八修族谱》南宋"武经大夫观察使介然公墓图"中得知，此斗潭原名为"汪王斗"。汪王是指徽州汪氏始祖越国公汪华，汪王斗则是汪氏族人为纪念汪华而名。但民间一直称之为鸳鸯斗，来历可能与中洲林中的栎树有关。栎树结的果又称鸳鸯果，鸳鸯非常喜欢吃，所以每年临霜时节，都有鸳鸯聚集，戏游水上，成为水口的一道风景。在大畈的方言里"汪王"与"鸳鸯"读音非常接近，因此，"汪王斗"就渐渐被"鸳鸯斗"所取代。

族人明代进士汪坚有诗曰："源源鳙水见兹潴，斗大还深百丈余。云影天光相映处，个中应有化龙鱼"。

歇马亭，于2014年由大畈村委会出资建设，选址在汪王庙至鸳鸯斗的古道上，意为纪念千百年来到访或途经大畈的历史名人。据《婺源县志》《大畈村志》记载，李少微、黄庭坚、胡伸、金安节、吕广问、洪迈、洪适、洪遵、王炎、朱元璋、汪广洋、程敏政、左宗棠、方志敏、粟裕、汪道涵等都先后到访或途经大畈。

高林坦存泽祠遗址

紧连鸳鸯斗，与中洲古林隔河相望的一片开阔的平坦地，沿河即是进大畈村的古道。平坦地分为两部分，朝大畈村方向的称高林坦，当地人称高路。南宋时，这里是大畈汪氏第六十五世武经大夫观察使汪介然的居所。元代大畈人汪炎昶在《三洪遗墨石刻并序》中有记。弘治《徽州府志》卷九记汪介然，字彦确，南宋名臣，大畈村人。初投于岳飞军营中，后升为武经大夫、观察使。南宋绍兴十三年（1143）九月受命与沈昭出使金国，在金期间，为解救先期出使金国遭软禁的洪皓、朱弁等官员，剖股放入蜡丸书躲避搜查传书回国，感动国人。绍兴十三年八月，宋金议和后，洪皓、朱弁、张邵平安回朝。

武经大夫亭，是座南宋爱国名臣汪介然的纪念亭，2016年10月16日在大畈村落成。该亭六柱式，高7.3米，直径3.4米，上书"武经大夫亭"字样，坐落于高路存泽祠旧址附近。此前，一家专职歙砚设计和制作，挖掘、整理歙砚文化的寒山艺术馆已在高路建成。

赵家坦遗址

在婺源，人们讲起大畈村，都知道一句"大畈人家路不平"的口头语，这究竟从何说起，大多都不甚明白。其实这是因为有一个"赵"姓改"汪"的传说。

明代《新安名族志》曾记载，宋人宗赵光义第四子"商恭靖王"赵德严六世孙赵善佑，于南宋初年从休宁迁鳙溪（大畈），子迁绣溪（源头），后又迁湖源（湖坑）。传至明代中期，据说赵家犯了诛族大罪，众族人惊惶万状。主事者遂倾尽家财，买动大畈汪姓族首打开祠门，接纳赵姓改为汪姓入祠上籍。汪姓出于怜悯，冒险行事，赵姓才得以度过劫难。自此，大畈就有了赵改汪之说和真汪假汪之分，有了"大畈人家路不平"的故事传说。

如今在赵家坦遗址附近建有婺源县振文工艺雕刻厂。

汪王庙

大畈知本堂在徽州有不小的名气，弘治《徽州府志》卷十《宫室》记载了15处祭祀建筑，其中有三所为元代遗存，大畈汪氏的知本堂即其一。

知本堂，是汪王庙的前身，位于大畈村水口处，倚屏障山，面鸳鸯斗。始建于宋，元代大畈人浙东道都元帅汪同所重建。在徽州诸多文献中有记载，是一座很有名气的大宗祠。

《徽学》中所载："婺源汪氏宗祠是大小宗祠具备的完整体制，其大宗祠知本堂是一组建筑，独立建于始迁地大畈里。北面通三间大室，奉始得姓之祖汪侯神主，中居初渡江者汉龙骧将军文和及始来大畈祖中元，左右昭穆序列十余世。正奉得姓祖、渡江祖、始迁祖，左右的属于始祖以下高祖以上的先祖。这是典型的大宗祠。……知本堂附有族学、祭田，由族之尊长主持祭祖事务，体制完整。"

明正德间，知本堂初次被"饶寇"焚毁，后复建成汪越国公庙。自清至民国，汪王庙又经多次毁建，终成一片废墟。20世纪60年代，在此办过中学、农

▲ 大畈水口古樟（张银泉摄）

科所，到 1984 年办了大畈鱼子砚厂。后又一直闲置荒废，直至 2020 年在有关部门的关心支持下，建成了婺源歙砚文化博物馆。

从知本堂到汪王庙，当年种下的香樟树已历经千年。如今，古樟枝丫遒劲，翠叶欲滴，香樟树林广达 2 亩多。它目睹了大畈的沧海桑田，以及科第蝉联，簪缨奕叶，还有歙砚文化的赓续。

婺源，歙砚的产地。大畈在北宋初年就有制砚的记载，距今已一千多年的历史。从 1984 年大畈鱼子砚厂创办至今，歙砚生产已形成规模，是村民脱贫致富的主要门道。现在，全村共有 552 户 2700 余人，全村 60% 的村民从事砚台及相关系列产品的生产销售，被外界誉为"中国砚村"。

"古来存圣迹，从此识前贤。"在以文化振兴助推乡村振兴的今天，挖掘和整理古老乡村经久不衰的优秀传统文化，讲好乡村故事，正是我们在新时代塑造和增强"文化自信"的应有之义。

晓起 二水回澜　风光旖旎

汪萍俊

晓川山水奇，居住两相宜。

千樟栖倦鸟，朱笔写云依。

茅屋传书味，南山好力田。

茫茫此净土，底事必桃源？

——佚名

当秋风从东边的朱笔尖山麓吹过浤溪，便掀起来一段千年的记忆。南去的溪水牵手河边的古樟，漫步在葳蕤的岸边，倾听一个村落的故事。文昌阁楼上的檐铃，摇曳盈盈的心事，流水静听"叮叮当当"的铃声，这片天地氤氲在古老的故事中。

桥下是清清浅浅的晓溪水，她从庆源，走溪进，过梅溪，在晓起的村口，与从北面上坦村流来的浤溪水交汇。这便是《晓起汪氏宗谱》中记载"晓起八景"之一的"二水回澜"，也正是这大小两条河流与边上的晓溪山、朱笔尖、燕嘴尖，组成了风光旖旎、恢宏大气的晓起水口。

空山隐卧好烟霞，水不行舟陆不车。

一任中原戎马乱，桃源深处是吾家。

水口是徽州村落文化中重要的组成部分，从诗中的"桃源人家"，可见村庄水口之景象。徽州村落，能以平和、恬淡、安详、

▲ 晓起水口（张银泉摄）

淳朴的神韵闻名于世，水口的选择和营造功不可没。关于水口的来历、功用，相信大家都有深浅不一的了解，各种徽州村落的书籍也均有述及，我在此便不复赘言。

晓起的水口，历来以庙宇繁多，古树密集，气势雄浑而闻世。即便是现在，依然保留了葱茏的水口林，晓溪和浤溪的石堨以及清初的石桥和高耸的文昌阁，吸引着众多游人流连忘返。秀美的水口和泽世书香故事，为晓起这个建于唐代的村落增添了无尽的魅力。

嵩年桥

公元 880 年，落第书生黄巢拉起的那支队伍，攻入长安。唐僖宗吓得匆忙逃亡成都，而在京城担任四品都尉的歙人汪思胜（万五公），也携带家人，仓皇逃往皖南山区。他顺着歙州绵延的山脉，在一个天刚破晓的时分，来到一个狭长的山谷。惊魂未定的他，见四周青山环抱，古树葱郁，大小两条河流在此交汇，溪水淙然，一下子就喜欢上这里了。于是和家人一起搭草棚、起炊烟，定居下来，并为自己的村子取名"晓起"。拂晓，是汪思胜初到此处的时辰。而晓起，更是他期望后代子孙，天亮即起，耕地读书。

历史那细碎的光影，散落在晓溪中，流过水口的古树，流过燕嘴尖的沙渚。时间来到了清康熙五年（1666）。那年的梅雨特别大，晓起村口的木桥被冲毁。这座桥横卧于晓溪上，连接着人们往来安徽休宁的要道。桥一倒，无论来往客商还是周边村民，进出晓起都不方便了。

在杭州经营茶号的晓起人汪继蕃，听闻家乡木桥倒塌之事后，说：此桥为东北之通衢，里关之水口。我家世守俭约，赖先人余荫，家道升遐。现在家乡要重建晓川桥，那是有益于众人之举，修桥的费用就我来捐了吧。于是琢石伐木，鸠工数百，石桥自戊申年（1668）阳月（农历十月）开始修建，到初夏竣工。晓起汪氏宗谱《嵩年桥碑记》："举族见而和美，坐观厥成，居者赞于室，行者歌于途。"完工之后，汪继蕃又在桥上修了一个两层的楼阁，下层为路亭，两端出口，左右设美人靠，可供来往行人休息。二层为文昌阁，上供文曲星君，以祈晓起村文运昌盛。而且汪继蕃是个孝子，他常年在外做生意，母亲身体不是很好，为祈求母亲长寿，桥建完之后，他亲自命名为"嵩年桥"。嵩，高也。年，岁数也。嵩年桥也成为"晓川八景"中的"石梁绕虹"。

当时清代翰林大学士、婺源庆源人詹养沉，听闻此事，心中十分感动，并专门为之作文。其中有歌曰：琢之訇訇，梁旋窿然。伐木丁丁，雕甍翼然。环山萃秀，汇远璇源。人文丕振，彪炳蔚然。一人树德，福曁无边。护兹乐土，亿万斯年。

眷桥庵

晓起水口的嵩年桥修好后，半圆的石拱支撑起江湾自休宁的驿道，方便了无数来往商旅。它与周围的亭台庙宇、参天古树，及两条河流的交汇，一起组成了晓起村别具特色又恢宏大气的水口景观。每逢明月当空，嵩年桥与水中倒影形成一个规整的圆。正所谓：游客不知桥倒影，只疑明月浸溪心。

嵩年桥桥头那片枫树红了一茬又一茬；山间的风吹走了一年又一年的时光。慢慢地，汪继蕃老了，再后来汪继蕃去世了。但他独资修建嵩年桥的善举，依然在周边村子流传，依然在来往客商们的口中流传。

▲ 晓起红枫（任春才摄）

　　汪继蕃去世后，他的孩子承继父业，所得甚丰，家庭亦更为殷实。汪继蕃的夫人洪氏孺人则常会去桥边走走，到桥亭里坐坐。每逢来往的客商，她都会热情地打个招呼。洪氏很满意其丈夫生前的所作所为，但看着客商们风尘仆仆的倦容和疲惫的身影，她心中又有一个将丈夫善举延续下去的想法。

　　洪氏孺人将想法告诉了在外经商的儿子，并在族中长老们的支持下，买下了桥南面约100平方米的土地，建起了一座庵堂。庵堂的外间是一个通透的茶亭，亭中摆设了桌椅，且垒有茶灶，用于煮茶。庵堂建起之后，洪氏为庵堂取名"眷桥庵"。从此，她就在庵中，闲时烧香拜佛。有来往客人，就招呼客人歇歇脚，并沏上一杯香茶，让温暖、香酽的茶汤洗去客商们的仆仆风尘。后来，洪氏又捐出良田10亩并交付给宗族，以备自己百年之后，用每年的田租来作为庵堂免费施茶的费用。

　　如今，嵩年桥依然横跨于晓溪之上，但眷桥庵在20世纪六七十年代已被拆毁，成了茶田。然而，茶田边上的碎砖片瓦，依然残留着356年前炉火的温度。洪氏孺人慈祥的音容笑貌，也依然回响在文昌阁的檐铃中，不曾消失。

望江思

　　晓起村的东南角，浉溪与晓溪水从古树林中穿过，流过中洲，在晓溪山的尽

▲ 乡村古道（张银泉摄）

头燕嘴尖汇合。河两岸一面是峭壁，一面是茶园，河水平缓，清且时泛涟漪，此处人称"望江思"。

话说在明代嘉靖年间，晓起村有户人家，男主人汪守义经商跑货常过鄱阳湖。一次，因风大浪急而船覆人亡，家中只留下妻子方氏和两个年幼的儿子，老大叫汪富显，老二叫汪富隐。30 岁不到的方氏，听闻噩耗后，十分悲痛，一时惶然。方氏娘家那边有劝其改嫁者；族中有看其笑话者。但方氏在办完丈夫的丧事后，毅然决然地与族长说，自己立志守节，只为抚养幼子长大，不再考虑他事。节妇最难的不是守节，而是生活的压力，养活自己和孩子才是最重要的。方氏不得已，只能靠到族中茶号里拣茶和闲时纺绩为生。虽家中贫困，方氏也不忘供两个儿子读书。她知道要改变家族的命运，只有读书这一条路。

孩子慢慢长大了。老大汪富显 14 岁就去了族中叔伯的茶号中做学徒。老二汪富隐也因天资聪慧，读书过目不忘，深得族中义学里的先生喜爱，15 岁时，就被县学一位名儒收为弟子，并随先生外出游历。离别时，汪富隐对母亲说，此去经年，儿子立志攻读，不中进士，决不还乡。方氏一听急坏了，叮嘱儿子，你总要给我一个归期吧，不能让母亲空自守望。汪富隐遂指着水口燕嘴尖岩畔的一棵小桃树，说：等这棵桃树开花，儿子就会回家。自此，汪富隐跟随老师去往江西各大书院游学。

从那时起，每到阳春三月，方氏都要到燕嘴尖河边守候。她要看看那棵桃树长大了没有，开花了没有？看看河上有没有他儿子的归帆。但每年都是失望而归，桃树依然那么矮小，河上依然没有他小儿子归来的背影。就这样，时间一年又一年重复着。方氏的身躯慢慢地由挺拔变得佝偻，脚步也慢慢变得蹒跚。但三月的燕嘴尖河畔，从不缺一个母亲盼望儿子归来的背影。

一晃又几年过去了。那一年桃花汛期的水特别大，燕嘴尖的那株桃花突然一下子盛开了。满树的桃花，灿烂无比。学业有成的汪富隐回家了，而方氏却在苦苦等候、无尽期盼中，于上一年冬季的一天，溘然离世。汪富隐看着母亲的牌位，抚摸着母亲冰冷的坟茔，痛哭不已。他来到当初和他母亲立下誓言的那棵桃树下，看着那一朵朵绽放的桃花，像极了他母亲方氏清苦而美丽的笑靥。他和族中的长老们说，这个河湾，以后就叫望江思吧！

再后来，汪富隐做了官，凭着自己的清廉忠义，官至大理寺卿。他想起母亲方氏的节烈与抚养遗孤的不易，想起春寒料峭的河边那孤零零等待儿子的身影，于是向朝廷请旨，要为母亲修建一座祠堂，朝廷同意了汪富隐的奏请。于是，晓起村的后龙山山麓，耸立起了一座祠堂，一座徽州大地上专为女子修建的祠堂。祠堂堂名为"睦顺堂"，巍峨大气，做工精致考究，特别是大门门罩，为御赐砖制牌坊，上书四个遒劲大字"节比松筠"。

晓起水川流不息，几十棵祖先遗留下来的古树，直刺天穹。蓝天白云下，时光在流逝，故事在轮回。一代代人逐渐老去，但水口的嵩年桥、文昌阁、望江思以及那座已拆毁而仍矗立在人们心中的眷桥庵，依然存留在天地间。它们是有生命的纪念碑，安静且低调，令后人遐想而沉思。

徽州村落是有形的，而这些故事是无形的。这些无形的故事，一直是徽州的精神。只要这些故事不被埋没，只要徽州的水口还在，徽州人的精神就一直不会衰亡。

汪口 从向山林到风景树

俞炎保

段莘水与江湾水在此交汇后，自东向西流去。河的北岸是古老的村落，南岸是参天的古树，村庄与绿树，在碧波上，在滩声中，相望相守了几百年时光。

村庄对岸的这片森林，其实是有着特殊意义的，它是由一棵棵树种出来的向山林。如果往前追溯，那里曾经是一片岩石裸露

的山体，只有稀疏的灌木和茅草，随着季节枯荣。而给这处不毛之地披上绿装的，是一座村庄，抑或是一个氏族在数百年间，历尽艰辛、矢志不渝的合力之举。

这座古老的村庄叫汪口，旧称永川。汪口前龙山葱茏苍翠，也叫向山和南屏山。

汪口是俞氏聚居地，据《永川俞氏宗谱》载，唐天祐三年（906），俞昌从黄墩迁婺东万安乡千秋里四都长田，为婺源俞氏始祖。后唐时期（约950）俞文明自长田迁丰乐，宋天禧四年（1020），俞瑾自丰乐迁陈平坞，为汪口俞氏始祖。大观年间（约1107），俞杲将村庄由陈平坞迁郑婆坞，再由郑婆坞逐渐向河边扩展。据《永川俞氏宗谱》记载，俞杲"辟居汪口扁溪"，说明汪口彼时已作地名存在，后才成为村名。从此，俞氏就在这片山水间，耕读并举，儒商结合，繁衍生息。

▼ 鸟瞰汪口（张银泉摄）

建村伊始，河对岸那片裸露的山岩就成了村人的心病。俗话说，树养人丁水养财，三面环水堪称"风水宝地"，但美中不足就是对岸山上没有树，让村人望山兴叹。后来，一位在京为官的村人告老还乡，他提出：种树。为了能在悬崖峭壁上栽树，村人用桐油、石灰和石块在岩石上垒成梯坝，筑成箢窟，运来肥泥沃土，再栽下树苗。从种下第一棵树开始，村里就有了一个规定，村人在外无论是为官还是经商，回家省亲必须带上当地珍贵的树苗种到这座山上。就这样年复一年，一代又一代人坚持不懈，人工培育出一片荟萃 200 多个珍贵树种的森林，成为一道绿色屏障，在漫长的岁月里坚守在河的南岸，南屏山的美名也由此而来。

"乡聚族而居，前籍向山以为屏障，但拱对逼近削石巉岩，若不栽培，多主凶祸。以故历来掌养树木，垂荫森森。自宋明迄今数百年间，服畴食旧，乐业安居，良于生乡大有裨益。"为了这片费尽千辛万苦、来之不易的树木，宗族多次勒碑加禁。乾隆五十年（1785），由于"无藉之徒盗行砍伐"，经过众议，在山上立下一块《严禁盗伐汪口向山林碑》："酌立条规，重行封禁，永远毋得入山残害。"而"杀猪封山"甚至"杀人封山"的严厉举措，终于使向山从此秋毫无犯，并逐渐聚树成林。

向山的绿荫，如村人所愿，庇护着汪口村从小到大，成为富庶一方的"千烟之地"。至明清时期，汪口已形成长达 600 米的"官路正街"和与之交错的四通巷、柴薪巷、酒坊巷等 18 条巷子的规模，是徽州府城陆路经休宁至婺源县城的必经之地，又是婺源水路货运东乡与东北乡的起点和终点，镶嵌于双河码头石墈中的"通舟至止"的石刻，应该是最好的印证。经济的发展也在一定程度带动了汪口村人文蔚起，自宋至清，村人经科举考中进士者 14 人，出任七品以上官员74 人，著书立说的文人学士 9 人，有 27 部 44 卷著作流传于世。在俞氏家庭中，三代为官的官宦世家，"兄弟同榜"荣登进士以及"父子柱史"的荣耀，都是汪口村引以为傲的美谈。

无论是作为一个聚族而居的村庄，还是一个在一定历史时期承担着公共服务的婺东水陆码头，对村庄水口的营造都十分重视。值得称颂的是，地处两河合口的汪口，由于水流湍急，行船过渡困难，村人在清代康乾年间，根据江永的设计，建造了"平渡堰"，以延缓河水流势，并形成了"龙船潭"，以及"碧水汪口"景象。从村末（河流的下游）土名"上树花"进入汪口村，不仅有遮天蔽日的古树群落，其公共建筑物曾经也相当丰富，有石塘、文笔塔、文昌阁、关帝庙、汇源禅院、三祖公庙等，它们建筑在临河高高的基岩之上，占尽形胜。当年，河中的往来船只，仰望巍峨的建筑群，不能不对这个人烟稠密、商旅辐辏的村子心生敬意。令人惋惜的是，它们与村东的胡五庙和燕子岭上的涌泉庵、宋景定三年（1262）司户俞畴建的楼真观、村西鳡鲅岭上的胜泉庵、村中的义仓与乡约所及 13 座小祠堂，在"咸丰十年十一月，汪口民居被焚过半"的战火中毁于一旦，昔日的辉煌，只剩伫立在村头的俞氏宗祠。

▼ 汪口塥（任春才摄）

▲ 汪口俞氏宗祠（张银泉摄）

俞氏宗祠，又称"仁本堂"。据《汪口村志》记载，俞氏宗祠始建于清乾隆年间，道光四年（1824）重建，后又多次修缮。总占地面积 1116 平方米，为"中轴歇山式"建筑，整座祠堂以雕刻工艺见长，"气势雄伟、布局严谨、工艺精巧、风格独特"，有"艺术殿堂""中华第一祠"之誉。2006 年 6 月，被列为国家重点文物保护单位。确实如此，她在每一个清辉如昼的月夜，走进过多少村人的梦境，她在一个又一个平淡如水或波澜起伏的日子，用宽容的心和宽阔的胸怀，亲历了世事沧桑。

汪口村中的古埠头、古商业街、古巷、古祠堂和散落在 18 条古巷中的众多官第、商宅、民居和书屋等各类古建筑保存完好，至今仍保留着明清时期的历史风貌，丰富的历史文化遗存和深厚的徽文化渊源，使汪口村跻身于国家 AAAA 级旅游景区的行列，吸引着来自四面八方的游客。而与村庄一水之隔的向山，那些参天的名木古树，也在今天成为了令人称奇的风景树。

▶ 汪口养源书屋古碑
（张银泉摄）

　　清澈的河水川流不息，走过千年的汪口还是这般古朴、恬静。当纷至沓来的游人陶醉在浓郁的商埠遗风里，当陌生的身影穿梭在那些长街深巷中，当山水间回响着一声声由衷的赞叹时，向山走过了她的前世今生，汪口也以她独特的魅力和中国历史文化名村、中国传统村落、中国民俗文化村、江西省历史文化名村的荣耀，吸引着更多的目光。

篁岭 名木古树拥水口

吕富来

一

　　在婺源，篁岭是个火热村名，也是个热门景区。人们说它是中国乡村旅游的"黑马"，有人解释它为"草民的皇宫"，专家们赞誉它为"中国乡村旅游皇冠上的明珠"。

　　明清时期，篁岭属婺源县东北万安乡大鳙里八都，现为江湾

镇所辖。如今的篁岭，除了旅游景区，还有不少头衔。

2023年10月，篁岭古村入选联合国世界旅游组织"最佳旅游乡村"，备受国际瞩目。2024年2月，"中国篁岭晒秋文化节"荣获"2024亚洲尖峰奖——最佳地区振兴示范项目"，向全球展现中国乡村文化的魅力。多年来，从捧回威尼斯国际电影节"最美外景拍摄地"荣誉、两次获得亚洲旅游"红珊瑚奖"、举办世界旅游小姐皇后总决赛、301幅晒秋主题油画展成功申报世界纪录，到牵手成立国际旅游名村联盟……篁岭古村走向世界的脚步从未停歇，每年吸引上百万游客纷至沓来，实现了"乡村颜值"向文化价值和乡村产值的转化。

篁岭生态超群。走进篁岭，映入眼帘的是郁郁葱葱的水口林。一棵棵高耸粗壮的古树名木，将古村落遮蔽起来，使得篁岭成了一个相对封闭的生态空间，呈现出山村自然和谐的景观。

篁岭，建村于明朝宣德年间，位于主峰海拔1260米的石耳山北面一支余峰

▼篁岭全景（詹东华摄）

的山坡上。这个村庄所在的山坡，坡度为 20 度至 50 度，建筑分布区地形平均坡度约 25 度，从下往上逐渐变陡，上下落差近百米。古民居从古木参天的水口林往上，呈扇形梯状错落排布……无巧不成书的是，由于村内可用平地十分稀少，"地无三尺平"，村民晾晒农作物只能使用竹匾晒在自家晒架上。每逢秋收时节，五颜六色的农作物与黑色屋顶层层叠叠，甚是壮观，造就了独特的"晒秋"景观。

篁岭文化鼎盛。据清道光版《婺源县志·山川》载，"此地古名篁里，县东九十里，高百仞。其地多竹，大者径尺，故名。"篁岭初名"篁里"，明代后期改称"篁岭"。篁岭是曹氏聚居地，自明宣德年间建村至今，曹氏宗族已在此繁衍生息了 580 多年，已延续至四十四世。历史上，从篁岭古村走出了文人名士上百人，成了清代"父子尚书"曹文埴、曹振镛的故里。曹文埴、曹振镛父子历清乾隆、嘉庆、道光三代皇帝，曹振镛曾在嘉庆皇帝出巡时，以宰相身份留守京城处理政务，代君三月，在民间至今仍能听到"宰相朝朝有，代君三月无"这句俗谚。

二

虽说成语是"人杰地灵"，但从因果联系看，其实是"地灵人杰"。由于历史上南迁大族为躲避战乱而来，"依山阻险以自安"是婺源古村选址的主要特征，篁岭亦然。

古时，徽州村落非常重视村落水口的营造，婺源篁岭尤其体现得淋漓尽致。至今茂盛葱郁的篁岭水口林，村庄周围的名木古树都是最好的见证。其中，就有极为罕见的国家一级保护植物、被誉为"植物中的大熊猫"的红豆杉群，以及香樟、银杏、枫香等。据调查，篁岭古村有古树名木（树龄 200 年以上）共计 9 类 52 棵，均实现了挂牌保护。其中，在 17 棵红豆杉中，最大树龄的有 1200 多年。令人称奇的是，水口林还有两棵枫香树，因为它们长到一块，当地人称"夫妻树"，成了夫妻、情侣拍照留念的"背景树"。此外，在水口古树下，步蟾桥头，还有成片的方竹林。

步入篁岭水口林，仿若置身人间仙境。透过这里的一草一木，还能在清代乾隆年间立的"合村山场禁示碑"上找到遗存的绿荫。历史长河中，在"禁示碑"

▶ 篁岭晒秋
（张银泉摄）

▶ 辣出一片天
（任春才摄）

的见证下，郁郁葱葱的来龙山，茂密繁荣的红豆杉，古朴的石拱桥、五显庙，椭圆形的五色鱼塘等，构成了篁岭村落水口风景的核心要素。君不见，"来龙山"青松耸立，蜿蜒环抱；"香榧树"苍翠千年，历久弥新；"水口林"遮天蔽日，恍如仙境；"五色塘"匠心独运，浑然天成；"石牌坊"屹立村头，受人瞻仰；"步蟾桥"关锁水口，点缀自然；"五显庙"护佑平安，抚慰心灵……这些共同彰显

▲ 篁岭雪景（曹加祥摄）

着篁岭村落的生态文明营造特色。而新建的"一半梦幻仙境，一半人间烟火"的花溪水街，更是令人流连忘返的山水奇观。

篁岭是婺源典型的山地型古村。四面山麓缓坡，可开垦为梯田。隔着山谷，有大鄣山等生态屏障，形成了适宜人居的小环境。植被以常绿阔叶林为主；野生动物有獐、麂、野兔、穿山甲、野猪等。

过去，篁岭和周边其他村落一样，是以农业为主的传统村落。村民们除外出经商外，以林、茶、粮业为主，兼以采收、出售山茶油、竹笋、辣椒等高山绿色土特产，收入偏低。而今，篁岭依托自然生态和村落资源，发展乡村休闲旅游文

化产业，开发古宅民宿、特色餐饮、民俗表演等新业态，繁荣古村经济，村民收入节节攀升，生活越来越好，成了共同富裕的先行者、示范村。

三

凤凰涅槃，浴火重生。如今的篁岭，收获了世人关注的目光。然而，十年前的篁岭村由于交通等不便，有条件的村民都陆续搬走了，濒临"空心"的困境。启动乡村旅游后，篁岭村"置之死地而后生"，奏响"整体搬迁、精准返迁、产业融合"三部曲，打通了生态产品价值实现的"篁岭通道"，实现了从"衰败村"

到"网红村"的华丽转身。

篁岭村民由"庄稼户"变身旅游"造景工"，纷纷过上了美好生活。值得一提的是，篁岭景区引导原住村民从事农副产品生产经营和旅游商品加工增收致富，涌现了"晒秋大妈""米粿达人""抖音新秀"等网红职业，频频亮相各大新闻媒体。

那篁岭古村又实现了怎样的美丽蝶变呢？

原来，为了留住"江南布达拉宫"的迷人姿彩，婺源敢为人先，将篁岭古村整体性保护开发项目进行规划包装、向外推介，于2009年择优引进婺源县篁岭文旅股份有限公司进行打造运营。篁岭文旅公司先后将篁岭古村打造成融天街访古、花海览胜、古宅民宿、晒秋人家、乡村奇妙夜等特色，集古村慢游、农业观光、民俗体验、休闲度假等于一体的综合性旅游胜地。从2018年3月开始，篁岭古村二期项目倾力打造"四季不落幕"的乡村旅游胜地和全域旅游样板，成了江西省乡村旅游的龙头景区、精品景区、示范景区。

绿水青山就是金山银山。篁岭景区采取"公司＋农户"的形式，有偿使用村庄的100多棵古树、水口林等生态资源，并将农民的梯田、果园等资源要素进行有效流转，与农户共同开发农业观光体验项目。

如今的篁岭，通过连续承办多届国际旅游名村村长峰会，相继拍摄《青春环游记》《宝贝有戏》《秋季音乐会》等综艺文化节目，常态化策划开展乡村过大年、篁岭花朝节、晒秋文化节等系列文旅活动，从"衰败村"摇身变成了游客心中的网红打卡地。

四

"窗衔篁岭千叶匾，门聚幽篁万亩田。"人们不会忘记，在篁岭古村500多年的岁月里，勤劳智慧、坚韧不屈的篁岭百姓，不仅建造了挂在悬崖上的"江南布达拉宫"，也开垦了"大地指纹"的高山梯田唯美景观，被广大网友评为"全球十大最美梯田"之一。

作为一个生态家园，与篁岭水口林遥相呼应的是篁岭高山梯田。当地先民最初从山脚水源充足、坡度较缓之处开垦；随着曹氏宗族的繁衍、人口规模的扩大，梯田逐渐沿山势向上拓展、蜿蜒……经历数百年的农耕稻作，篁岭百姓依坡造田，修塘蓄水、挖渠引水，开山不止、奋斗不息，逐步形成了如今的千亩高山梯田的宏大规模，造就了镶嵌在高山深谷中的犹如"大地诗行"的震撼景观。每年春耕之后，蓄满水的高山梯田，波平如镜，倒映着天光云影；插秧后的梯田，禾苗一天天拔节长高，颜色从浅绿一点点变为浓绿；而秋天的层层梯田，则满地金黄，遍地生金。特别震撼的是，春天的梯田油菜花盛开时，层层叠叠都是流金的浪涌。

篁岭水口林与高山梯田长相厮守，奏响了绿色与黄色、红色、花色相得益彰的和谐乐章，成就了篁岭生态游的传奇。

文化是旅游的灵魂。为了打造中国最具民俗特色的文化艺术影视村落和徽州文化生态保护区的典范，篁岭景区还通过"人下山、屋上山、貌还原、景归位"的整体性打造，推动了传统村落民俗文化的保护、开发与传承。具体来说，产权置换为篁岭古村赋予了明晰的法律保护，文化底蕴深厚的古村被施与了一场精准的"外科手术"，倒塌的牛栏、猪舍被拆除，120栋原址古宅在一流古建筑修复师的手下"修旧如旧"，20多栋濒临消失的古村老宅被易地搬迁到篁岭安置保护。而山上地质灾害点也由专业部门完成了专项治理，水源问题得到了根本性解决，旅游交通环境也焕然一新。

"一幢一风格、一屋一品位。"现今，一栋栋古民居依山势错落铺陈在百米落差的篁岭坡面上，通过内涵挖掘、文化灌注、活态演绎等方式凸显古村文化的"原真性"和民俗文化的"原味性"，实现了古村生态文化、民俗文化的完美融合。同时，策应打造中国乡村民宿"婺源样板"发展战略，改造修缮后的篁岭景区，将一幢幢古宅打造成了精品民宿。

为释放更大的生态红利，篁岭景区还因地制宜打造了冰雪馆、水上乐园、森林探险、滑索天桥等主题乐园，规划建设了二期水街、夜游等项目，把春季做旺、把夏季做热、把秋季做精、把冬季做火，促进了旅游产业全年均衡发展。

而今，中国历史文化名村——篁岭，得益于生态入股、受益于旅游发展，一幅共同富裕的"篁岭山居图"正徐徐延展开来。

李坑 深藏幽谷

陈爱中

沿婺源至黄山市公路东行 9 千米后南拐，前行不远的幽谷中，有一座看上去素素淡淡的村子，名叫"李坑"。

李坑，为李唐皇室后裔聚居村落。据清光绪版《李氏家谱》记载，李坑村始迁祖李洞，"字文翰，名祁徽。北宋大中祥符三年（1010），自祁门县浮溪敷田（或曰'新田'）迁居婺源"。村名原称"理田"，系因李姓远祖皋陶在帝尧为部落首领时任大理（掌刑法之官），其后子孙遂以祖上职官命姓，成为"理"氏（后衍变为"李"），同时又因先祖李京（唐宣宗皇帝之孙）于唐末迁移江南时，占卜得"乾九二、见'田'，吉"卦，所以李洞分迁建居后，为了不忘祖姓且尊祖谕"逢田则吉"之言，取村名为"理田"。到了近代，人们渐渐以李氏居住于溪畔，而溪流在婺源土语中也叫"坑"，于是俗称理田为"李坑"了。

李坑村落，位于一个东西狭长的僻静山谷中，四面青山环抱，林木荫翳，处处洋溢着大自然的盎然生机。源出山谷东端山间的一条小溪，由东向西迤逦穿村而过，沿溪布局有序的百余幢古民居，包括官厅、书屋、斋轩、店铺等，整齐地排列在小溪两岸，马头墙错落跌宕。小溪宽约 5 米，水流潺湲，清澈见底；溪塝用石块叠砌得非常齐整，沿溪每隔数十步筑有石阶下到"溪埠"，村民临水淘米、洗菜、涤衣，非常方便。两岸居民往来，靠 10 多座横架于溪流上的石板桥或木板桥相通。如此"小桥、流水、人家"景象，生动地展现出李坑村落亲切、雅致的情趣。因

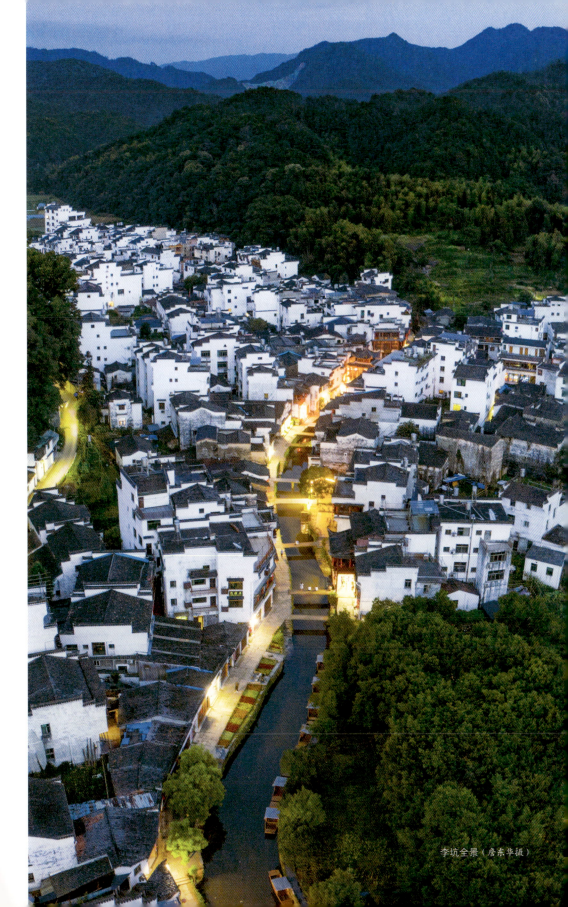

李坑全景（詹东华摄）

此，李坑不仅被列为"中国传统村落"，且成为国家 AAAA 级旅游景区。

横穿村中淙淙汩汩的清溪，西流至村头李氏宗祠处，折而向北进入一条南北向的山谷，然后继续北流注入大河。这条南北向的小山谷，其北口即为村落的水口。李坑水口布局的严谨、空间的宏廓、建筑的精致，在婺源乡村较为少见，其地不仅造有文峰塔、文昌阁，而且建有庙宇、凉亭、桥埠等。古代文人赋予李坑充满诗情画意的"双峰耸翠、两涧流清、蕉泉浸月、柳埠飞琼、学山静读、道院钟鸣、仙桥毓秀、天马钟灵、锦屏西拱、华盖东呈、金峰北峙、玉几南横"十二景，有四景即分布于此。

坐落水口"狮象把门"的两座山，东西对峙。西面的高峰称"塔山"，山上原有文峰塔，清代中叶建造，可惜在"文化大革命"中毁掉了。"理田十二景"之一的"天马钟灵"即此，其赋景诗曰："昂然气概跃天衢，待驾仙人上玉枢。雷响五更拟奋鬛，风腾万丈绝尘驱。当年河上龙呈式，此日山头电御趋。声价昔曾求骏骨，而今胜地有骊驹"。由诗作想见，当年村中书生们，借塔山形势抒发了科举入仕、登天子之堂的理想。东面稍矮的山叫"阁山"，山下是文昌阁。清嘉庆六年（1801）六月，皇帝敕修京师地安门外文昌帝君庙之后，阖村士民于翌年捐建了这座八角楼阁。阁高三层，窗开四面，翼角飞檐，雕梁画栋，内奉"魁星"和"文昌帝君"像。传说凡被魁星点中者，有如鲤鱼跳过龙门，将"一举成名天下知"。李坑人在文昌阁绘制"魁星点斗"图，其意不言而喻，目的就是祈望魁星这尊神，护佑子孙后代顺利科举及第，仕途通达，以光宗耀祖。而文昌帝君，是中国民间尊奉的掌管士人功名、禄位之神，后又被道教所承袭，因此旧时多为读书人所崇祀。过去，文昌阁时常香烟袅袅，祷求文昌帝君保佑科举中榜者络绎不绝，并且于每年二月初五大张旗鼓祭拜文昌，以求文运永驻。同时，文昌阁又是昔日文人的会艺场所，每年九月初九重阳节，文人墨客纷纷结伴来此登高览胜、赋诗作词，以抒发情怀。清光绪三十三年（1907），户部右侍郎李昭炜回乡探亲时，也曾登文昌阁观景并题对联一副："楼宇喜登临，看两涧流清双峰峙秀；人文欣蔚起，愿五经共读六艺兼通。"意为：怀着喜悦的心情登临文昌阁，闯入眼帘的是清澈的溪流和秀丽的双峰；为此，真心希望家乡人文兴旺发达，人

▲ 中书桥（陈爱中摄）

人诵读"五经"（即《诗》《书》《礼》《易》《春秋》），"礼、乐、射、御、书、数"六艺皆通晓。联文表达了李昭炜对家乡的热爱和与家乡学子共勉的良好愿望。文昌阁前有三亩莲塘，四周点缀凉亭、水榭，并安置石栏、石桌、石凳，遍植佳木名花，使之成为村落集传统文化、民俗观念、园林艺术于一体的公共园林。

李坑水口所在的南北向山谷，共建有拱桥4座。步入水口，横架清溪"关锁水口"、借以"藏风聚气"的第一座桥，就是中书桥。清乾隆版《婺源县志》记载，中书桥由北宋大观三年（1109）进士、"中书舍人李侃建，明景泰四年（1453）李永通重修"。桥单孔砖拱，长10米，面宽3.9米，高3米，砖拱上铺筑青石板成桥面。桥上置有4开间的廊亭，木柱梁檩，青瓦覆顶；廊内两侧沿柱架有坐凳，可供行人小憩。相传，李侃在京为官数年后回乡省亲，一日漫步村边，见原搭建在这里的小木桥，行人挑担来往时似有摇摇欲坠之感，孩童嬉乐奔跑过桥更令人感到惊心，于是捐资建造了这座砖拱桥。桥落成后，村人为感其德，公议以李侃的官职定名为"中书桥"。沿中书桥溯流而上百余步，可见关锁

▲ 双龙桥（任春才摄）

水流的杨柳堨，至今安然横卧溪中。过去，堨西溪塝栽有一行杨柳，阳春三月，柳丝垂水面，绿荫漾清漪；潺潺流水从石堨飞泻而下，溅起团团浪花，别有一番情趣。此景亦为"理田十二景"之一，雅称"柳堨飞琼"，其赋景诗曰："点点杨花弄晓晴，探幽柳外览飞琼。飘来钓叟披锦坐，落去农夫带雪耕。桥畔日高烟漠漠，堨前风紧玉盈盈。莫嫌絮迹轻狂甚，白眼垂青薄世情。"

杨柳堨南侧上游，又有"彩虹"二桥悬卧，人们称之"双桥叠锁"。两桥间距35米。上游的为单孔砖拱桥，长9.5米，面宽4.5米，高3米，建于明初。该桥的建造，系因社庙"理田中社"（时李坑村还有孝义社和水南社）就建在溪对岸的山脚下，为了方便村民举行春、秋二祭（社祭时有庙会），故而构筑。下游的是座单孔石拱桥，长 9.7 米，面宽 4.5 米，高 3.5 米，建于明朝中叶。从桥拱龙门石上所刻"卫乡"二字来看，此桥"以卫庇一乡之风气"而架设。社庙背倚的锦屏山，像屏风一样列于村落与水口西辟，山上林木葱郁、浓荫密蔽，形成一道绿色屏障。"理田十二景"之"锦屏西拱"即指此锦屏山，景诗云："回环西拱两峰青，秀丽分明锦作屏。南拥学山人静读，北连文阁斗悬星。片云刻镂诗篇句，一卷收藏道德经。瑞应晴图开十二，描成春色透疏棂。"由诗中"一卷收藏道德经"句，可知山上曾建有道观。

在锦屏山麓、"理田中社"南侧，建有一座"狮傩庙"。狮傩庙是供奉傩神的地方。清光绪版《婺源县志》记载：道光、咸丰年间（1821—1861）人李满春，曾因"造水口狮庙，不惜重赀，尤为乡党嘉美"。这里所说的"造水口狮庙"，当是洪杨之乱（太平天国战争）毁于兵燹后的重建。历史上，李坑村的傩舞，是婺源诸多跳傩村庄中较为有名者之一。跳傩在乡间又称"舞鬼戏"，且多为狮傩同台，故傩班亦称"狮傩班"（即跳傩也舞狮）。乡民称腊月"舞鬼"，能使家家平安、户户得福，五谷丰登、六畜兴旺。相传，每年农历正月里，锣鼓喧天、鞭炮齐鸣。起傩仪式开始之后，家家户户燃放鞭炮，在居家堂前八仙桌上摆好供品，争先恐后迎进"傩神"，请其手执斩妖祛邪的铜斧，挨家门上劈去一斧，以斩绝一年之孽根；在牛栏猪圈猛地一刹，以促六畜兴旺；人之亦然，个个争相伸去脑袋，享受铜斧清脆地一"刮"，其乐无穷！

水口南端、李氏宗祠的西侧，有座"永新桥"。清康熙版《婺源县志》记载，永新桥由村人李汝材建于明代。桥单孔石拱，长 9 米，面宽 4.3 米，高 3 米；桥上原架有廊亭，周围景色优美。"理田十二景"中的"仙桥毓秀"就在这里，其景诗曰："隐隐飞霞落九霄，山灵钟秀毓仙桥。虹梁稳驾通金阙，铁杖横抛接斗杓。银汉不须填鹊翅，云衢从此迓星轺。寻真踏迹蓬莱近，一任扶摇万里迢。"正对永新桥南向的学堂山也是一景，叫"学山静读"，景诗道："学山云拥锦屏舒，小筑幽人爱此庐。对月有时开秘箧，闭户得意读奇书。案盈千卷星露积，灯隔双帘雨雪居。太古羲皇同啸傲，北窗高卧乐何如。"按《李氏家谱》记叙，始迁李坑的李洞，是个曾任朝散大夫的隐士，他来此建村后曾"构书屋课子"，崇尚读书。李洞之子李仁，天禧元年（1017）任征南前锋，后以战功封安南武毅大将军，晚年曾在村边学堂山创建"盘谷书院"，培育人才。此后代代相传，"书香不绝，宦简联芳"，历史上先后有19人通过科考高中进士，其中北宋李文简（元祐戊辰进士）、李侃（大观己丑进士）、李操（宣和辛丑进士）祖孙3人皆列科甲，传为美谈；另有32人出任七品以上文武官员。此外，还有17名能诗善文、饱读经书的学者，留下传世著作29部。

离永新桥东侧不远，是"忠观阁"。忠观阁系为祭祀南宋"忠节"李芾而建。李芾是个与文天祥同时期的抗元英雄，《宋史》上列有传记。他于咸淳元年（1265）任临安知府，因为人忠直，不谄谀奸相贾似道被罢黜。德佑元年（1275）被重新起用，任湖南安抚使兼潭州知州，率兵抵御元军。抗元壮烈战死后，朝廷追赠他为端明殿大学士，谥"忠节"。然而，遗憾的是，这座忠观阁以及位于

▲ 李坑水口树（张银泉摄）

文昌阁东南阁山麓、奉祀三国蜀汉大将关羽的"关帝庙"等，皆已在岁月的沧桑中，仅存遗址了。

　　水口，是村落构成的重要元素。因此，古时李坑村族人对水口的景观规划与营造十分重视。它的北口，有塔山、阁山"狮象把门"，文昌阁与李氏宗祠一南一北相对，这条线再南延对着的是曾建"盘谷书院"的学堂山；文峰塔、文昌阁和书院锁住李坑水口，环绕着李氏宗祠。水口川谷，有良田一畈，金秋的黄灿醉乐乡民；潺湲而流的清溪上，石桥高架；清澈见底的水流中，石竭横卧，古樟倒映；社庙、狮傩庙、忠观阁、关帝庙、亭榭等，有序设置，与天然山水互为点缀、交相辉映。加上构筑在溪畔的徽派民居，透现出浓郁田园气息的村落轮廓，给人以诗画般之美感，令人怦然心动、寻思遐想。这个布局，寄托着中国古代农业社会最基本的生活理想和最高的道德标准——耕读传家！

石门 水潆回而土平旷 王文生

一

　　婺源县秋口镇石门自然村，是一个以俞姓为主的古村落，依山傍水，环境优美。明清时期，石门村属婺源县万安乡千秋里三都二图，离县城 7.5 千米。目前，石门村居民有 110 余户，520 余人，其中俞姓约占八成。

　　古人选址建村，往往会挑选有山有水、开阔向阳之处，作为家族子孙世代繁衍生活之所。清光绪十二年（1886）辑修的《石门俞氏支谱·宅基之图》显示：一条清澈蜿蜒的大河绕石门村而过，村庄东面有一个石门洲；村庄南面是开阔平坦的"官地"（现在是茶园与菜地）；村庄西面是田地，远处是连绵起伏的青山（村民称为"来龙山"和"后门山"）；村庄北面也是一些田地。在传统的观念里，理想的村庄选址应在河流弯曲成弓形的内侧，最好是坐落于山南水北，北面山峰挡住寒流，南面开阔之地有充足的日照，利于农作物生长。这样的建村选址，即"枕山面水，河曲地宽"，而石门村恰好具备这样的地理特征。该村西北侧依山，东南方向傍水，地势平缓，光照充足，的确是宜居之地。因此，乾隆年

▼ 月亮湾（任春才摄）

间邑人江启贤在《石门俞氏家谱·石门派谱引》中写道：

> 星源嵌山而邑，隙山而田，婺乘所记其大概也。石门壤接负郭，渐当东北二港之汇，水潆回而土平旷，于万山中另辟一境。卜筑于兹者，自丰乐转徙甫十余世，食指已盈数千。其间衡宇云连，烟火辏集，桑麻树畜，蔚茂蕃滋，夫非地气之攸钟欤？

村庄建设，首先是选址，其次是营造。古人十分讲究村庄水口的设计，山、水、树是构成乡村水口的三大要素。位于石门村西北方向与屋舍隔田相望的山丘，名叫"来龙山"；"来龙山"南侧的一片山丘，名叫"后门山"。山上树木繁茂，遮天蔽日。村庄西南侧的溪水下游，建有石桥和水碓，方便村民生活。水口处枝繁叶茂、绿荫如盖，是村庄富有生气的表现。现在，石门村北面四五百米处的公路东侧，生长着一片茂密的树林，有苦槠树、松树、樟树等，村民称之为"上水口林"；在村头还有一块平坦的土地，众多苦槠树、松树、樟树连成一片，郁郁葱葱，村民称之为"下水口林"。时至今日，村中还保留着多棵树龄在百年之上的香樟树，枝繁叶茂，高大挺拔。驻足树下，凝望树影，令人油然而生沧桑之感。

二

追溯石门村历史，村庄是何时建立？当地村民又由何地迁入？要厘清这些问题，只能从村谱、方志中去寻找线索。

幸运的是，目前村中还藏有几册线装的旧谱。其中一册是清嘉庆十五年（1810）辑修的《石门俞氏家谱》。"我族此轮续修家谱，每副共计四本，'元亨利贞'四字编次；共计五部，以'仁义礼智信'五字编号。其'仁'字号正谱壹副及草底谱壹副，俱存始祖尹迪公，众余某字号之谱付与某房领。"从该谱序言中得知，乾隆己未年（1739），石门俞氏也曾修过一次家谱。从乾隆到嘉庆再到光绪，几乎每隔三代就修一次家谱，由此可见石门村人丁兴旺，定期修谱已是成规。

　　《石门俞氏支谱·宅基之图》的《后记》有说明："国朝经理三都土名石门之地，多属双溪王氏之业。其在唐季为七学士园。学士名以女婿，双溪始祖希翔公也。石门俞氏始祖念（廿）二府君，讳尹迪，于洪武年间买王氏之业，建宅世家焉。"另外，清道光版《婺源县志》卷二十七也记载："王希翔，字冲之，宣州文靖公王仲舒第四孙。由宣州奉母避难歙之篁墩，再徙婺之武溪，为王姓始祖。少有志节，秘馆学士俞诜一见，奇之，妻以女。淮南王慕其贤，辟为扬州民曹参军。老归武溪，更号云谷居士。"从村谱和县志的记载来看，在

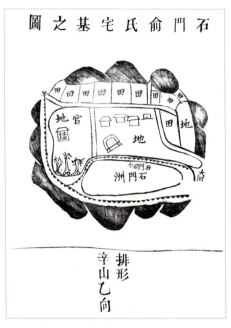

▲《石门俞氏家谱》中石门村基图

唐代末年，石门之地可能已经有人在生产或生活了，但因文献不足，确切情况难以稽考。现在能够明确的是，明代洪武年间（1368—1398），俞尹迪购买王氏产业之后，他的后代开始在这里繁衍生息，逐渐兴旺。

　　那么，石门的俞氏村民又是从何地迁来？明天启元年（1621）《重修新安俞氏统宗谱》记载："始迁祖纵，世居河间，仕晋征西大将军。永嘉末从元帝南渡，镇守宣城，死于难。其后裔沉，当唐末兵乱之际，携子植迁居新安。……三子昌由歙县黄墩移居婺源长田。"《石门俞氏支谱》卷六《先世祖考妣各墓述后》记载："祖十六府君，讳沉，僖宗乾符六年，因黄巢渡江，转掠饶、信、池、杭、宣、歙等州。时公年六十七，与子植公由宣城居黄墩。""十八公，讳植，字彦晖，配朱氏，生四子。黄墩地狭人稠，各凭术师卜地，同子昌公迁婺源长田。""婺源长田祖唐三府君，讳昌，生子二。长讳奈，迁饶州；次讳茂，居婺长田……"综合史料可知，俞氏胄出河间，后徙宣城。唐乾符六年（879），俞沉与

其子俞植为避难，携全家从宣城迁到歙县黄墩（今篁墩）。唐天祐三年（906），俞植儿子俞昌奉父命，从黄墩迁到婆源万安乡千秋里四都长田（今源口），俞昌即为婆源俞氏始祖。俞昌生二子，长子俞奈外迁，次子俞茂居长田。后俞茂后裔俞熙自长田迁丰乐（今沙城俞）。俞熙后裔俞尹迪，于明代洪武年间，迁居秋口石门。

石门村俞氏始祖俞尹迪与朱氏孺人去世后，合葬于三都三万林香花墩（今秋口王村附近）。石门村民至今还藏有俞尹迪与朱氏孺人的画像，在祭祀活动中将画像悬挂起来，供后人瞻仰。

"水有源，树有根，人有祖"，敬祖祭祀是中国人的重要民俗活动。数百年来，石门俞氏以"蒸年""煮年"的方式到村中祠堂祭祀祐成、可成"两公"。这个习俗与婆源其他村落颇为不同，具体流程是：腊月二十七日，祐公房以煮猪头为主，可公房以蒸菜为主，一同进祠堂祭拜。腊月三十日早上，每家每户捉骟鸡进祠堂戳鸡；中午过后，祐公房又以蒸菜和陈饭（用十二筒米蒸成米坯），可公房以煮猪头、蒸菜和陈饭进祠堂祭拜——这就是石门祠堂祭祖"蒸年""煮年"之俗。

三

石门村民在此定居之后，他们敬祖睦族，勤劳质朴，正如《石门俞氏支谱·璇公清明序》所说："我祖迁居以来，栉风沐雨，克尽厥艰，始有此尺寸之业。"现摘录《支谱》中几则人物事迹，即可见石门村风、民风之一斑："（文梁公）年当弱冠，服田力穑，不惮祈寒暑雨，饮檗弥甘。而其自处，务循俭约，不尚浮华。与人交必求忠信，不轻然诺。非义之财不取，非道之言不谈。""（文根公）四龄失恃，安贫力学，屡试不售，辄弃举业，专务舌耕，至老不倦。为人秉正耿直，重然诺，慎交游，居家整肃，门内雍和。接物待人，笃实谦光，恂恂如也。"

《婆源乡土志·风俗举要》记载："婆人喜读书，虽十家村落，亦有讽诵之声。"石门村也不例外。据村谱记载，仅可成公房在三十七世、三十八世就出了俞荣初、俞世焕两名国学生。村中历代不乏读书之人，比如俞汉章，其传曰："公讳荣华，字汉章，俞氏之贤裔，门川之望人也……按公生孝友行端方，笃志诗书，博通经史。应童子试，尝屡列前茅焉。"村中文风之盛，由此可见一二。

上文"门川之望人也"所说的"门川"，就是石门村，为何改称"石门"呢？原来，当年有一条从县城通往婺源北乡的驿道，经过石门村附近的荒山脚下，有两块大石头相对峙，这条驿道从石头中间通过，犹如通过一扇"石门"。于是，人们就把驿道附近的这个村庄叫作"石门村"。现在，村中还留有一些古迹，比如参军墓、敦睦堂、石门桥等等。

参军墓是指石门村中的王参军希翔墓，亦是武溪王氏先祖坟茔，已在村中默默存在了一千余年，这是武溪王氏与石门俞氏世代友谊的见证。现在村中心几条村巷交会之处，可以看到用鹅卵石围护成椭圆形的土堆，上面种有许多花草，这就是武溪王氏始祖参军王希翔之墓。清道光版《婺源县志》卷三十八"通考四·冢墓"也有专门记载："王参军希翔墓，三都石门村中。"

敦睦堂即石门村俞氏宗祠。敦睦堂背山面水，坐西朝东，作为一个临水型村落，石门祠堂朝向乐安江水流方向，寓意着"财源滚滚"。据村民介绍，祠堂为三进，分别称作"下堂""中堂"和"上堂"，上堂是三层建筑，楼上安放着村中先人的神位。敦睦堂与本县其他宗祠一样，遵循"中轴对称、三进两庑"的平面布局，各进与天井用庑廊过渡。外墙长约 25～27 米，宽约 10～11 米，整个祠堂占地面积近 300 平方米，当年祠堂前方还有一小片空地和一面照墙。敦睦堂的建造，起到了祭祖、正俗、教化的作用，每当有人家生育男丁，还会在祠堂演戏庆贺。20 世纪 80 年代，因祠堂年久失修而拆除。

水井共有三处，这是村民汲水饮用之处。"后边井"位于后龙山脚下；"村中井"位于祠堂广场东侧，原是一个井口直径约两米的圆形井，后来逐渐枯涸而被填埋；"河边井"位于通往石门洲的木桥附近，原先井旁还有可供村民洗涤的水埠，现已被河水淹没。

石门桥是一座小型石拱桥，在石门坑水与公路交会处附近。昔日，石门桥是婺源县城通往东北乡驿道上的交通桥之一。历经多年，该桥和桥头的古树依然保

▲ 石门寻鸟图（张银泉摄）　　▶ 石门蓝冠噪鹛（胡红平摄）

存完好。

骑路亭原在村中大道上，位于现在村中停车场西侧。亭下有两排长凳子，可供村民歇息、聊天。

大撞钟在村中申明亭西侧，用两棵木柱悬挂一口大钟，生产队曾以此作出勤信号。每当需要集合村民，便有专人敲打大钟，大家便会应声而来。

水碓在石门桥上游，可供村民春米、磨粉。

骑路亭、大撞钟、水碓，现已不存。

四

婺源气候温和，雨量充沛，霜期较短，四季分明。境内溪涧纵横，山环水绕，森林覆盖率非常高，优越的自然气候条件，孕育了"百鸟和鸣、水欢鱼跃"的美丽景观。县域内饶河源国家湿地公园占地面积 3.4887 平方千米，公园里野生动植物种类多，珍品多。尤其是月亮湾保护区是极度濒危鸟类蓝冠噪鹛自然保护小区，植被多样，生态良好。当地人俗称"石门洲"的地方如同一弯月牙，如今称为"月亮湾"。这是星江河绕村而过形成的一个弧形沙洲。河岸上，生长着不少年代的古树，如樟树、枫香、枫杨、苦槠，还有柳树、乌桕、糙叶树等；与村庄隔水相望的月亮湾，更是高树林立，灌木丛生，其中又以枫香、枫杨、樟树居多。长期生活在这里的蓝冠噪鹛，属野生种群、群居鸟类，是目前发现仅存于婺源的珍稀鸟类，种群数量只有 250 只左右，属极危类物种，被列为国家一级重点保护野生动物。蓝冠噪鹛选择的繁殖栖息地多为婺源水口林，石门村旁郁郁葱葱的原生性常绿阔叶林，有利于它们在此生活、繁衍。

石门村面积约 4 平方千米，其中林地面积 1400 亩（0.93 平方千米），耕地面积 220 亩（0.15 平方千米），湿地面积 204 亩（0.14 平方千米）。这里的村民历来注重自然生态环境的保护，尤其爱护香樟、苦槠、枫杨等原生态水口林和一江清水。村庄结合秀美乡村建设，打造了蓝冠噪鹛科普馆、湿地公园研学基地、樱花休闲游步道等一批生态景观，主动将爱鸟护鸟、保护生态等内容纳入《村规民约》，并配合县林业部门划定饶河源国家湿地公园中心区（即石门洲一带）为蓝冠噪鹛自然保护小区，开展湿地修复工作，成立专业护鸟队伍，加强科普教育活动，为蓝冠噪鹛及其他野生生物提供更加适宜的栖息环境。

优美的生态环境和徽派村落景观，吸引了越来越多的游客、摄影爱好者和写生学生前来观鸟、摄影、研学、旅游。尤其是初春时节，樱花次第开放，如云似霞，加上艳红的桃花、雪白的梨花、金黄的油菜花，与周围民居的粉墙黛瓦交相辉映，吸引了大量游客前来观赏。为此，石门村在巩固传统绿茶产业的同时，着力打造乡村生态旅游品牌，依托蓝冠噪鹛野外栖息地优势，大力发展生态旅游，让村民实现家门口致富。如今，许多村民通过经营农家乐、特色民宿、竹筏漂流以及售卖农特产品等，家庭收入明显提高。

石门——这个历史文化深厚、人与自然和谐的传统村落，从保护自然中寻找发展机遇，在生态环境保护和经济高质量发展之间探索双赢道路，已然成为"中国乡村振兴样本"之一。

豸峰 文笔峰下形胜地

潘显峰　潘彦

豸峰，藏在婺源中部距离县城 28 千米的一个山坳之中。

说"藏"，打开《桃溪潘氏豸峰支谱》（后面简称《支谱》），一窥那幅绘制于清光绪甲辰年（1904）的村基图，便可一目了然。豸峰村处于山峦层层环抱之中，村周边有回龙山、豸峰尖

▼ 豸峰全景（任春才摄）

（即寨岗文笔峰）、笔架山、船漕山等，而以西面豸峰最为高峻。正如《支谱》之《桃源亭记》记载："桃溪皆山也，其西南诸峰林壑尤美，望之蔚然，而深秀者豸峰也。"豸峰整个村落便藏在这群山之中，无论从进村还是出村方向都看不见村庄，清澈的桃溪蜿蜒而过，已有近千年的建村历史。

一、古村以山峰为名

根据《支谱》记载，桃溪潘氏十二世祖良俊公迁居豸麓，为豸峰始迁祖。豸峰村名应是以村西面高峰——豸峰为名，又名豸下。"桃溪之口有山，仰视则岩峣百寻，下临则壁立千仞，蹲踞如豸故曰豸峰"。豸峰也曾有寨峰之名，"薄址名寨峰，寨以元季障盗于高岭而得名，其先则名豸峰，以三峰作迤势而上，昂骧若

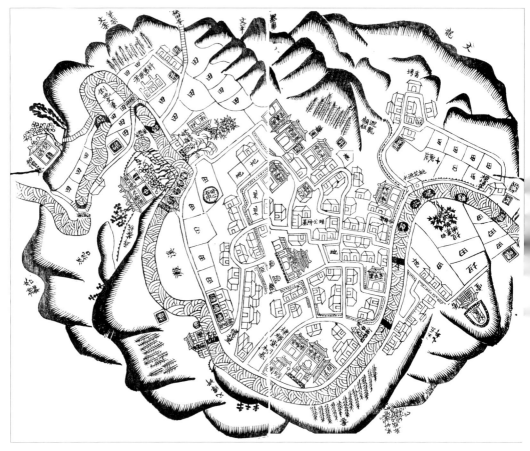

▲《桃溪潘氏豸峰支谱》中豸峰村基图

舞豸，然于今豸寨两存其名，而豸实象著而意更悉"。

据民国版《婺源县志》记载，在县邑内，以豸山或寨山作山名，除了豸峰村之外，还有其他一些地方："豸山（县北六十里，在清华）""寨山尖（县北二十一都，在沧州）""寨山（形类豸，又名豸山，在五都李坑之源，旁有真如庵）""月山（县北四十五里，平地特起，夹船槽左脉，又名寨山）""黄冈寨山（县西七十里，在黄冈……）"等，豸峰村有豸下、寨下之名，豸峰尖有豸下尖之名。

查阅工具书，豸作为名词主要有三种解释：其一，本指长脊兽，如猫、虎之类。引申为无脚的虫，体多长，如蚯蚓之类。《尔雅·释虫》称"有足谓之虫，无足谓之豸"。其二，豸豸，兽背隆长的样子，《说文解字·豸部》：豸，兽长脊，行豸豸然，欲有所司杀形。其三，通"廌"，解廌，古同"獬豸"，传说中的异兽，一角，能辨曲直，见人相斗，则以角触邪恶无理者，古人视为祥物；古代御史大夫等执法官戴的獬豸冠。在民国版《婺源县志》中还有"豸绣坊"的记载："豸绣坊（汪星）""恩崇豸绣坊（赠御史潘士相）""豸绣承恩坊（赠御史余基，封御史余世安，御史余懋衡）"等，这里豸绣坊赠御史官员，"豸"应作獬豸解。古代御史大夫等执法官员有獬豸冠、獬豸补服、豸绣坊等。地方以豸山作山名，应是取意山脉逶迤如兽长脊，或山峰高耸如獬豸。

豸峰西面山峦叠翠，从桃溪上游村外远眺，远远就可见豸峰尖高耸峻秀，如朝天之角。以独角神兽獬豸形容其山形，既生动形象又祥瑞，故以豸峰为名。

二、山水与人文交融的水口

古人建村时，通过堪舆择址，特别注重水口布局，营造理想的村居山水环境。在山环水绕的豸峰村，发源于坑头鹅峰山的桃溪水似玉带般在村北绕过，出村东口后，便直向村南方的笔架山流去，受山体阻挡，如秤钩般回转，在山脚形成秤钩湾，水流仿佛又朝村庄的方向折返，而后再转向东，过维新桥，至龙山入高砂后汇入乐安河。这样的山水布局也为豸峰村留下了完整、经典的水口。

水口是徽州古村的重要组成部分，既是村落的自然山水环境，也蕴含着从择址建村到发展的历史人文信息。山、水、田、园、路、桥、亭、阁、庙宇等传统水口布局，在豸峰古村的水口得到充分体现。豸峰先人还寄情山水，赋予水口更多的诗情画意，《支谱》记载了诸多山水题咏，及以水口山水人文景观为主的"豸峰十景"：寨岗文笔、田心石印、曜潭云影、东岸春阴、水口诰轴、船漕山庵、倒地文笔、鸡冠水石、笔架文案、迴龙顾祖。

古时豸峰水口指水之去处，即村下水口，可分为内水口和外水口两部分。外水口北面山形如一卷打开的诰书，称为"水口诰轴"山，南面山形如一艘船，名船漕山。据说历史上有些古村，特别重视水口布局，如果水口没有诰轴山形，还会人工堆造出来。船漕山上曾建有一座"拱极禅林"的庵堂，庵的左边是关圣庙，右边筑有一间与禅林相通的学堂，这是"豸峰十景"中的"船漕山庵"。学堂曾于咸丰年间因战乱被毁，光绪年间又由村人"求大木选良才鸠工而复造"，《支谱》之《重建船漕山学堂记》载："学堂南去数百步，水从石出，如乳滴滴有声。前人使工凿为二方池，以资灌濯……有志者诵读其中"。岁月流转，船漕山上诸建筑已不见踪影，但见两口方池依旧清泉汩汩。

水口诰轴山与船漕山之间，桃溪水之上，石拱的"维新桥"上爬着藤蔓，枝条垂挂飘曳，一条青石板古道蜿蜒伸展，跨上维新桥，穿过桥边古亭——白亭。古道或沿溪而行，或穿行田间，保持着与桃溪水并行的走向，在一座名为引胜桥的桥头垂直拐弯沿溪上行入村。

引胜桥是一座建于清乾隆年间的石拱桥，桥名刻于桥额上，寓意进入桃溪胜境。据《支谱》之《引胜桥记》（作于乾隆四十七年，即 1782 年）记载：

> 桃溪，潘氏世居也，水出坑源岭北，过桂芳、荣阳至倒冈而东。夫倒冈为豸峰之水口，水抱山环，为田数十亩，春冬皆可耕而食焉。视夫一峰插天，差可种树以供禽声之上下者，其相去几何？旧有桥，倾于己亥，居人横木以济，恐其难以久也，乃于辛丑夏鸠工构石，复筑为桥，其基必固，其石必坚，经始自夏，至冬告成，何其速也？过是桥者入荣阳，寻桂芳，想其左右山川之胜概，与夫草木云烟之杳霭，出没于花明柳暗之间，而可以供诗人作赋写离骚之极目者，宜其览者自得之，名曰引胜……居是溪者，日与乡人游此桥，仰而望山，俯而听泉，见夫男耕妇馌，载筐及筥，与樵叟牧童、课晴问雨于桥之东西者，使非地僻人闲，又安得此静观之胜也哉？桥成，因为本其山川，道其风俗，书以志其胜焉。

桃溪水于称沟湾倒流回转东出，这是古人心目中理想的水口溪流走向。想当年引胜桥落成，古人立于桥上，置身山水胜景之中，山光水韵，田园牧歌，心情怡然作《引胜桥记》，一幅桃溪胜景图也跃然纸上。

引胜桥南面是由船漕山向西延伸而来的笔架山，笔架山如村落南面的一座屏风，因山峰并峙形如笔架而得名，被称为"笔架文案"。笔架山西接豸峰尖，豸峰尖是水口西面山峦中的最高峰，山形陡峭，"又以其尖秀名为笔锋，文象也"，称为"寨岗文笔"。笔架山下是秤沟湾景观和"倒地文笔"。村人把秤沟湾水形回抱着的一块山冈田地喻为"倒地文笔"，田地上面的庄稼宛如浸濡墨香的笔毫，一湾溪水如墨，有诗云"倒地华峰障一方，北流活活展禁相。人知土地堪颐养，我爱濡毫带墨香"。

笔架山上有一条村人称为中云岭的青石岭，古时通往中云去县城或景德镇。此岭从笔架山面村的山脚，跨过东西走向的山脊，可到山背后的山脚，若正值祠堂中那株高大粗壮的桂花树开花，从山背后上岭到岭脊，有时会闻到阵阵桂花香。在岭上放眼朝村中望去，山环水绕，粉墙黛瓦，炊烟袅袅，正是"古树高低屋，斜阳远近山，林梢烟似带，村外水如环"的意境。想来，这是一条乡愁之岭——古时村中男儿多外出谋生发展，不知归期，过了这山就意味着告别家乡，不知多少游子离家时曾在岭脊上驻足回望。在婺源其他古村也有类似的山岭，即为"回头岭"。

正如 20 世纪 90 年代修公路时引胜古桥换了新的水泥桥，笔架山上的这条古岭也由于修公路而另修了一条新岭。

村内水口临近村子，称得上是布局经典又具人间烟火气息，有石碣、水口亭、水口林、印墩桥、石印等自然与人文景观。

水口亭名"桃源初步亭"，"有亭翼然，临于泉上者……仍称之曰桃源初步"，自此进入十余里的桃溪。民国版《婺源县志》记："豸下水口，潘元达建，施

▼ 豸峰水口（张银泉摄）

茶"。桃源初步亭旁有一社公庙，现在还依稀可见。亭隔桃溪，对岸是有着数株古樟的水口林，古樟枝繁叶茂，在溪岸石壁上可见其虬盘着粗壮的树根。由于水口亭下游不远处建有一石堨蓄水，这里水面平缓，天光云影，亭与古樟倒映水中，称为"曜潭云影"。溪上有印墩桥通向水口林，水口林中有一段古朴的石板岭，名庙岭，古时通往附近栌林坦山上的周王庙和汪帝庙，庙早已不存，庙址上是三十多年前由村中迁建来的豸峰小学，原先小学设一至六年级，村中有近200名学生在此就读，老师也有十多位，现在学生少，只设低年级了。由于古村居民建房扩地的需要，栌林坦现已成为新的住宅区，俨然一个新村。

水口亭是一个热闹的地方，亭中人来人往，附近村民闲时喜欢坐在亭中的长条凳上聊天。亭边溪中有用青石板建的水埠，时时都有浣衣洗菜的女子。夏天，村中孩童在水中扑通扑通戏水，开心嬉闹。正月里，这里就更热闹了，遇上男婚女嫁的好日子，是"背新人"必经之地。按村中婚俗，背新人即背新娘，新娘背至亭中，站在亭凳上脚不能落地，背新娘的人也可借此休息。如果新郎新娘是同村子女，则男女双方在这里换背新娘的人，在锣鼓鞭炮声中，娘家将新娘背到亭子里，婆家接亲的人将新娘背上接走。乡村人热情，捧场看热闹的人总是簇拥着。

在村下内水口，最让村人津津乐道的是一方落在村头的"印墩"。在村头平展的田地中，凸起一块约半亩大小的圆形石地，高出周围约三尺，宛如一枚天赐的"官印"，称为"田心石印"。诗云，"天造贞珉半亩方，土田着水四边相。乡民护作斯文印，比屋诗书不断香"。"诰轴""文案""文笔""石印"等，折射出豸峰先人崇尚人文昌盛和读书出仕的愿景。

豸峰古时建有许多书屋，虽然大部分不见踪迹，但《支谱》中留有《赋东壁轩》《东壁轩四时佳兴》《题东壁轩读书四景》《问渠书屋跋》《题溪山草堂》等题咏。书屋最有名的是东壁轩，留有遗址；蟾园书院和问渠书院是被认定为国家级文物保护单位的成义堂的左右附院，蟾园书院结构保存完整，庭前一半月形泮池引入桃溪活水，池边栽花种竹，院墙边一棵与成义堂同龄的老桂花树，应是寓意"蟾宫折桂"，读书室垂直隔断上原有梅花冰裂纹圆形木雕漏窗，激励学子"梅花香自苦寒来"；问渠书院留有遗迹。

《支谱》之《田心石印记》中记载了古时人文盛况及古人对于水口的描写：

桃溪自肇居迄今历数百载，科第林林，名儒济济，甲我婺而户口财赋亦不绌于他乡……山以水环，水缘山聚，二者相须为用。而桃溪之灵秀不群，他乡少所见者，每于水去处令人叫绝。我豸峰当桃溪之口，为访胜迹者初问津地，统桃溪而言之也。专言之，则豸峰自有豸峰之口，其外境高则诰轴文案，低则倒冈文笔，扼要截流，迁回道拱，往来行人迎之不见首，随之不见尾，咸迷而诧之。其内境由本里来龙山蜿蜒穿田，峻而衍，衍而复突为田心石印……

文中显示，这里水口分为内境、外境，豸峰先人所描写的正是人们所说的山水形胜之地吧。自古以来，豸峰人无不对这方养育自己的山水怀着深厚的情感。

与村庄下水口相比，上水口建筑不多，村头一座古亭名为漱石亭，俗名金茶亭，民国版《婺源县志》记，"豸下村首，众建，施茶"。离村头沿桃溪上游约200米处，溪中建有一座石塥，用于蓄水灌溉和引流进村中水圳。溪边一横向垒起的土墩上植有枫香、乌柏树，土墩旁一亭名横埇亭，还特别开了两口水塘。村民相传，之所以"开双塘"，是因为村落上游的孔村村口曾建有一座对着豸峰村的红庙，红属火，会引起豸峰火患，所以豸峰先人开塘植树，寓意"以水克火"。

在村庄上水口，山水田园环境开阔深远。桃溪东岸绿树成荫，山峦错落，诗云"习习风吹水满田，密槐疏柳布前川。当年童冠和三五，曾借清阴坐午天"，这是"东岸春阴"景观。

上水口西面是自桃溪源头坑头鹅峰山逶迤而来的山脉，在豸峰村西面形成脉络走向清晰的一组山峦，山峦在村背后峰回形成后龙山，并迎向上水口桃溪东岸碉楼山上的桃溪四世祖潘初公墓，被称为"迴龙顾祖"。

后龙山山脚的石壁延伸到上水口村头桃溪中的河床里，并从水面露出，形如鸡冠，称为"鸡冠水石"。民国版《婺源县志》载，"豸下尖，在县北四十五里寨下，山下有鹅冠石横入水中"。这水中的石壁其实也是这一带的地质地貌条件，豸峰村背靠的后龙山、村南的笔架山与村基在地质条件上都是岩石，豸峰村先人选择在此建村建房，千百年来村基稳固，村民安居。

在古代，自鹅峰山而来的这条山脉，源自大鄣山，逶迤盘绕豸峰尖、福山、文公山等，有不得伐石烧灰破坏山体的禁示。民国版《婺源县志》记载了这条山脉及其水系的走向、村落布局，以及管理要求：

> 县西北鹅峰为船漕峡旁枝，附近万卷山、太阳山、豸下尖至中云，平蟠十余里，有清浊塘、窨龙池，起九老芙蓉峰，为朱文公祖墓。九老峰东为油桐尖、仙山、扶乔山，西为福山，为高鄣尖。其山乃邑治右臂初关；其水，东为桃溪水，出福阳；西为梅山水，出太白。其村落，左边有坑头，有孔村，有寨下，有龙山，有横路，有槎口，有丰田，有王家墩，有嵩峡；右边有戴坞，有中云，有方村、象山，有董村、梅田，有罗田、石井，有玉坦，有曹门，有下槎，其地多属北与南。
>
> ……独不思前宪勒石，凡十七都、十八都、二十三都、四十三都伐石烧灰处所，皆系县学龙脉逶迤盘绕之地，无论在官在民之山，一切不许伐石烧灰，犯者拿究。宪牌揭日，铁案如山，载在《全书》，昭垂久远，从无民山不禁之说也……

古时婺源划五十都，其中二十三都包含新源、坑头、孔村、豸峰、龙山、洪村、嵩山等，文中所指十七、十八、二十三、四十三都这些地方，无论官山、民山都得遵守管理。事实上，古时在各个村落，都有封山禁渔的要求，如古村后龙山与水口林不得砍伐，山上枯枝败叶不得挪动等，可以说这大概是生态环保理念的雏形吧。虽然古人对于山水的保护是基于朴素的理想，但留给了后人一个和美的山水家园。

三、匠心在桃溪中闪光

由于山体的阻挡，直流的桃溪水分别在后龙山和笔架山脚下，改变水流方向，回环着进村与出村，在村中则玉带缠腰般蜿蜒流过，避免了溪水直流引发的灾害与损害。豸峰先人择居的匠心由此可见一斑。

不仅如此，豸峰先人还在溪中建起了四座石埂，在水口修建了水渠，石埂的修建拦蓄了水量、抬高了水位，用于村民洗濯、农田灌溉、引水等，水渠的修建是引水建水碓舂米，20世纪60年代末又利用水渠水力发电，供全村照明和机米。就连上水口开挖的双塘也成了减缓水流流速的"减消池"。洪水来临时，由于河道变宽，大大减缓了洪水的流速。

受徽文化影响，豸峰先人的匠心不仅体现在对于山水的利用之中，在村落的营建中也是处处可见——在山水环抱中，民居建造紧凑有序，从平面上看村子的外形呈圆形，形似一面铜锣。村内道路蜿蜒，村民相信弯曲的道路可以藏风聚气，并口口相传村中没有一条贯通的直街是为了避免这面铜锣出现裂纹。不仅如此，旧时村内还不能挖井，意寓挖井开了孔，铜锣就"哑音"了。千百年来，这种避讳"碎锣破边"的禁忌一直左右着村落布局的发展。像是要印证此类说法，在村头百余步的豸下湾内有一条直街，象征着敲锣的锣锤。锤锣相配，豸峰方能声震山外。

村内蜿蜒复杂的道路系统更多是出于防卫的考虑，潘氏因避战乱自北方迁来，落户徽州后聚族而居，修建村落时多将防御功能掺杂其中。沿村内道路布局的还有一条水圳，水圳是古村排水系统的组成部分，据说古村地下有完整的排水系统，至今村内石板巷道雨天依然不积水，家家户户天井也可畅通排水。古村内修建水圳于巷道边屋墙下，既便于村民在家门口用水，也是防火、疏水的需要，水圳的水流出村庄，还可用于农田灌溉。这条水圳在村中流过，也为山环水抱的古村增加了几分灵动。

正是先人的匠心，为村落的发展带来了红利。一系列顺应自然的选择和改造使村落日渐繁荣，不仅人丁日渐兴旺，商业和文化也日趋繁盛。到元朝时，随着人口的增加，村落已扩展到现今豸峰村的规模。到了元末明初时，村中更是陆续出现了官宦。明末清初时，豸峰村已经富甲一方，人才辈出，村人外出经商，把积攒的钱带回家乡"广兴栋宇"。到了清末，豸峰村的繁荣达到了顶峰，村内房

◀ 成义堂（任春才摄）

◀ 龙腾古祠（张银泉摄）

◀ 鸟瞰祠堂（任春才摄）

屋不仅规模宏大，且内部装修精致，从村中保存尚好的宗祠"成义堂""资深堂"和民居"涵庐""知三堂"等便可窥见一斑。

成义堂建于清同治三年（1864），前临桃溪水，入口八字照墙上有"簪缨世胄"砖雕门匾，第一进庭院正面墙上用砖雕砌成三开间牌门楼形式，上刻"通奉大夫晋三公祠"。穿此入内为一"四水归堂"的庭院，三面围廊，后为两层高的寝殿。祠内建筑细部装饰丰富，仅斗栱就有近十种，雀替、梁垫、柱础等处多作高浮雕、透雕的木雕石雕，最为精彩的是寝殿底层大厅天花正中由螺旋状斗拱组成的八角穹窿藻井，堪称"中国建筑一绝"。

成义堂隔壁的资深堂是典型的徽州祠堂形制，建于十九世纪末，民国版《婺源县志》记载："资深堂，豸下祀潘友同，其裔孙鸣铎独输八千余金建。"前后三进，入口门楼为"五凤楼"式样，坡屋顶做五段，高低跌落而下，气势巍峨，祠堂的享堂高大宽敞，正中檐下一根月梁的跨度有八米以上，是为整株的樟木而成。支撑大梁两端的，为一对精美的木雕倒爬狮子，雄狮居左，雌狮居右，雌狮怀中还有一小狮正翘首嬉戏。

涵庐则是村中的一座大宅，也是村里颇有特色的一幢建筑。临溪墙面大大小小开了数十个门窗，既有传统的徽式小窗，也有给人强烈视觉冲击的拱券门窗，它们不但开口大，其上的拱券线脚和上海西式石库门建筑基本无二，这种样式是民国初年"西风东渐"的典型代表。

清代民居知三堂也是别具特色，知三堂即潘永泰宅，由奉直大夫潘启褥建于清代，现由后裔潘永泰家人居住。这栋徽派建筑砖木雕刻精美，尤其是院落南边的客馆之上，雕有戏剧图案，线条流畅，精美华丽。堂屋正门上方采用高浮雕砖雕"双狮戏球"，球上一"福"字，栩栩如生，意趣盎然。尤为奇特的是，与村内所有徽派民居正门居中或者偏东不同，此宅邸正门双向定位，门框方正，门坊却略微倾斜，据说是为了迎向北面山坞中一股涓涓不息的泉水。

四、一方山水养一方人

"绿树村边合，青山郭外斜"，正是在这方山水的滋养下，千百年来，豸峰人才辈出。豸峰文笔峰，挺拔巍峨，形似古代执法官员所戴豸冠。据《后汉·舆服志》中记载"獬豸，神羊，能别曲直"，作为一种能辨是非曲直的独角神兽，獬豸自古以来便是历朝历代监察官员的服帽饰物。豸峰子弟，不仅受崇文尚礼之风熏陶饱读诗书，且始终刚正秉直，忧怀家国天下。

村中原建的旌表潘镒、潘铉兄弟的"科第联芳"坊便是例证。潘镒与潘铉分别是明代正德年间的进士和嘉靖年间的贡士，两人于明代正德十六年（1521）、嘉靖七年（1528）先后在应天乡试中中举，故而建起"科第联芳"坊。潘镒与潘铉为官素有直名，尤其是潘镒，据《桃溪潘氏宗谱》记载，潘镒登进士第后，三察院称其才德并茂，升员外郎。奉命清查九库，将九库二十多年来问题成堆的账目一一查清，另立清册，九库官员中的蠹虫全部受到惩处。任户部福建司郎中时，清除多余的人员，整治盘剥过往运输人员的旧弊。任湖南长沙知府时，整治衙门中那些与盗贼相互勾结有恃无恐为非作歹的官员，对于贪赃枉法者严惩不贷。惩处了都察院副都御史的儿子"混劫儿"，震慑了盗贼，自此一方平安。先后历任兖州知府、山东副使、霸州兵备、河南布政司左参政等职，一生清正廉洁，为世人所称道。

当历史的车轮缓缓行至近现代，豸峰有识之士又纷纷踏上追寻救国救民真理的道路。其中，以潘书田一门数杰为最。

毕业于北京中国大学和高等警官学校的潘书田，受"五四运动"影响投身革命。早在1924年，国共第一次合作期间，便加入了孙中山先生领导的中国国民党，投身反帝反封建革命。四一二反革命政变爆发后，潘书田愤慨于蒋介石背叛革命，毅然退出国民党，还乡从事律师行业，并积极支持鼓励弟弟潘蕙田、潘春田、潘鹏田和儿子潘启琦参加革命。

在潘书田的影响下，潘蕙田、潘春田、潘鹏田、潘启琦先后走上革命道路。胞弟潘蕙田，又名潘芳，曾先后留学德国和苏联，1925年，在德国加入了中国共产党，回国后与妻子郭箴一同在上海从事地下工作整整十载，于1941年与妻子一同抵达延安；胞弟潘春田，又名潘藻，1927年春，进入毛泽东在武昌创办的"中央农民运动讲习所"学习，结业后参加"铁军"，誓师北伐；胞弟潘鹏

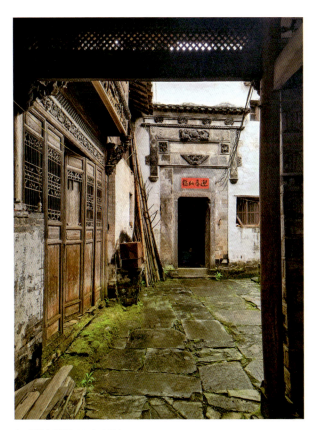

▲ 豸峰古民居（任春才摄）

田，又名潘飞、潘在微，20世纪30年代在日本东京法政大学留学期间，便加入中国共产党领导的秘密抗日救亡组织"文化座谈会"，学习马克思主义理论。而潘书田之子潘启琦更是在中学时便参加了进步组织"救亡读书会"，年仅17岁就参加了新四军，并加入中国共产党，历经抗日战争、解放战争的炮火洗礼，于1955年被授予上校军衔，1962年晋升为大校军衔，曾获二级独立自由勋章、二级解放勋章和中国人民解放军独立功勋荣誉章。

时至今日，先贤的身影虽已湮灭在岁月长河之中，只有潘书田的祖居"涵庐"和其一手创办的豸峰小学旧址"资深堂"依然矗立，无声印证往事。

千年的光阴在文笔峰下了无痕迹，但这依山水而建的古老村落依旧在诉说着一个古老而又质朴的道理：人不负山水，山水必不负人。

（本文为综合稿，一、二部分由潘显峰撰写）

参考文献：

《中国古村落：豸峰村》龚恺著，河北教育出版社，2003版。

坑头——水来朝　钟灵毓秀

潘　彦

坑头村，位于婺源县西北部，距离县城 30 千米，为潘姓聚居的古老村落，古称"桃溪"。据明代戴廷明、程尚宽所撰《新安名族志》记载，坑头建村于唐末广明与中和年间（880—885），始迁祖为潘逢辰，"字吉甫，世居闽之三山（今福州），值广明之乱，道至新安弗克归，避地歙之黄（篁）墩，后迁婺源之桃溪而居"。《桃溪潘氏宗谱》载潘逢辰"洞明文学地理，精堪舆之学"，择居此地后，沿溪广植桃树，故而得名"桃溪"，后因村民以村落处于桃溪水之源头，因此俗称"坑头"。

坑头村两面环山，双溪合流穿村而过，风光旖旎。四周青山围裹，左右蜿蜒伸展，前后列嶂为屏，形似太极八卦。从村上水口眺望，溪水潺潺，气势奔豁天门开；从村出水口观之，群山崎卫，雾霭缭绕群户闭。水随山势，山藏地气，弯弯曲曲，蜿蜒伸展，有"九曲十八弯"之称。

坑头村水口，与婺源绝大多数典型徽州古村落水口布局有所不同。绝大多数徽州村落中的水口指的是出水口，如歙县许村、唐模，黟县南屏等等，仅有少数村落同时考虑溪流出入村口，坑头村便是一例。

坑头村的上水口，也就是入水口，位于鹅峰山下桃溪水的上游，为迁村始祖潘逢辰建庐之地，至今仍留存"石门孤月"这一景观。与徽州众多古村落一样，坑头村也有文人雅士赋予的村落盛景之说，是为"形胜"。据《桃溪潘氏宗谱》记载，早在元初，

▲ 路亭掠影（张银泉摄）

▼ 坑头古道路亭（张银泉摄）

婺源学者滕㻛便即兴写下了《题桃溪十景》："石门孤月一轮冰，峭壁飞泉瀑布声。碧井曲池春水洌，金山万卷晓云轻。桃花流水松壈雪，岸柳垂阴芳桂荣。犹记河阳花县好，山门此景亦天成。"千百年来，沧海桑田，但"十景"之说流传至今。

村民口口相传，潘逢辰定居于坑头后，因子孙繁茂，欲另择开阔之地使子孙别居，故以草帽投于溪中，草帽顺流而下至今日村中双溪交汇之处盘旋，于是迁子孙出而居之，终得日后坑头"千烟"之胜。时至今日，坑头村入水口，潘逢辰建庐之所已不可考，但横贯溪水之上的古桥——"石门桥"及古驿道旁"泗州大圣"牌位依旧在无声诉说着千年往事。

与入水口不同，坑头的下水口，也就是出水口，是更能代表坑头村水口文化的地方。同古徽州大多数村落一样，坑头村的出水口结合地形地貌，种植了水口林，架设了桥梁，修筑了楼阁庙宇，形成了一个水口园林区。可惜，数百年光阴流转，原建的桃源观、福庵早已轰然倒塌，唯有水口林的百年古樟和"留荫桥"留存至今。

留荫桥桥面宽5米，长16米，高5米，是一座单拱石桥，为明代潘元彪所建。与别处不同，有出入水口的坑头村，入水口与出水口皆有桥，出水口处为"关锁水口"，入水口处则为"一水来朝"。

作为一个沿溪而建的坑头村，桥自然是少不了的，"留荫桥"只是村内众多桥梁中的一座。坑头村内现存桥梁76座，平均两户便拥桥一座，其中石拱桥有36座，绝大多数为明代石桥。因均为村中仕宦所建，"桥""轿"谐音，故而衍生出了村中只有出任七品以上官员者，方可建桥一座的传说。比如：登崇桥、瑞滋桥、松雪桥、锡元桥、桂芳桥、崇恩桥、迎恩桥，等等。

传说虽为口口相传，但千百年来，坑头村崇文尚礼，读书风气浓厚却是事实，可以说是婺源古村落聚族而居，耕读传家的典型代表。根据《桃溪潘氏宗

◀ 坑头古桥（任春才摄）

▲ 坑头"太宰读书处"匾额（任春才摄）

谱》记载，自宋至清，桃溪潘氏登进士第者15人，有贡士9人、举人23人、太学生和贡生69人，在朝为宦者126人，其中七品以上官员75人，被封赠大夫17人，尚书5人，太子太保、太子少保各1人。科举中有解元1人，亚元2人，同榜中举2人的4次（科），同榜中举3人的2次（科），同榜中进士2人的2次（科）。其余文人雅士有著述存世者62人，留下著作156部335卷，其中17部入选《四库全书》。早在明代万历三年（1575），内阁首辅张居正在为桃溪潘氏所撰的《荥阳潘氏统宗世谱序》中便盛赞坑头文风之盛，"故当时有'一门九进士、六部四尚书'之称，有二科六举人、两榜四进士之颂，有棠棣四联辉、桥梓一联芳之誉，猗与盛哉！"

坑头村名宦之中，最为知名的当属潘潢。时至今日，距坑头村出水口不到一公里处仍存当年潘潢书屋遗存，匾为明代婺源县令郑国宝题"太宰读书处"。根据《明世宗实录》《桃溪潘氏宗谱》及明代焦竑所编《国史献征录》记载，潘潢，字荐叔，号朴溪，于正德十四年（1519）应天乡试中第一名，正德十六年（1521）中进士，历任福建提督副使、吏部左侍郎、户部尚书，南京工部、吏部、兵部尚书。其任职福清知县时，造福乡里，调任时百姓立祠纪念。任职礼部，担任经筵侍讲，为皇帝讲课，先后撰写并呈送了数十篇奏章，皆切中时弊。后升任吏部左侍郎，内阁首辅私荐亲信两人，他认为不符合条件执意不从，被贬回礼部。到福建督学，每到一地都严明学规，建立品行、学业二册，济助家庭贫困的儿童到县学读书，还聘请学者为老师，讲授程朱理学，使当地读书人争相上进蔚然成风。升任户部尚书后，公明廉谨，为时任内阁首辅所嫉恨，参劾其"不知随时通变之术"，遂调任南京工部尚书，后转吏部尚书、兵部尚书。去世后封赠太子少保、资善大夫，谥号"简肃"。正是由于潘潢官声卓著，"一门九进士、六部四尚书"之美誉方扬名海内。

除了潘潢以外，桃溪潘氏为世人所赞许的士大夫不胜枚举。据《明史》《桃溪潘氏宗谱》记载，明成化二十年（1484）进士潘珏，任福建按察使司佥事，时值吏治腐败，按察使司大都不依法判案，冤假错案屡屡发生，一日在亲眼看见一名无罪囚犯被解送问斩后，他愤然慨叹，"滥杀无罪者，我力不能救，做官有何用"，遂辞官还乡。又有明弘治十五年（1502）进士潘珍，一生为官清廉，品行正直，曾有朝内外十余人私下向他举荐官员，都被他一一回绝，任职兵部左侍郎期间，嘉靖皇帝欲兴兵征讨安南（今越南地域），他分析时局，认为明朝的主要危险在北方，而不在南方，兴师安南没有必要，于是上疏进谏，因此被嘉靖帝革职。还有明弘治十八年（1505）进士潘旦，担任刑部右侍郎时，内阁首辅夏言亲友获罪，求其网开一面，他拒不听从，以兵部左侍郎提督两广军务时，不顾此前从叔潘珍直言获罪，坚持上疏力劝朝廷不必耗费国家财力远征，被嘉靖帝勒令提前退休，离任之时，有人告诉他根据惯例，可以从公款中支取一笔路费，他笑着说："吾不以妄取为例。"更有明万历二十六年（1598）进士潘士藻，任御史巡视京城北城，慈宁宫内侍侯进忠、牛承忠私出紫禁城狎妇女，他不顾得罪东厂，将其逮捕报送万历皇帝，因而结怨东厂张鲸被贬……

婺源，自古有"坑头子女岩前屋"之传说。千百年来，潘姓子弟在朝为官，皆清廉自守、刚正不阿，在野为民，则著书立说、教化乡里，更有潘珍、潘旦、潘士藻等均列传于《明史》。在坑头人才辈出的背后，一方水土的滋养，儒风雅韵的熏陶，才是钟灵毓秀的根本。

漳村 —方幽胜

朱德馨

山水风光

漳村，为清太仆寺少卿王友亮故里，古称漳溪。船形村基，西起一家村，东至玄帝庙以东水口，前临旗山、瓦窑山，后傍漳溪。漳溪是大鄣山水流入星江河中间的一段，上起洑水潭、下至水电站的溪流长达 2 千米，河面宽处有 100 余米，水资源丰富。

溪北面有被称为十八"金字面"的十八个山丘，阔叶林终年葱茂，春来缀红滴翠，时禽和鸣。两岸有亦政洲、王村洲两片大草甸，春夏草茂虫吟，绿茵如锦。金字面右后方有座夏家尖高峰，常见凝岚染黛。两岸风光如一幅巨长的山水画卷展开，清太仆寺少卿、著名诗人王友亮笔下"幽深不让武陵溪"诗句，形象地描绘出了这一方幽胜。电影《闪闪的红星》曾在这段河中拍摄"小小竹排江中游"镜头，早已让世人一睹漳溪风采。长达23板的板凳桥亦为县内独一处景观。在建设美丽乡村的进程中，环境进一步美化、亮化，沿河古木垂阴的溪埠，有浮桥式游步道，是观景、摄影、垂钓的好去处；古建遗踪，凝聚历史文化积淀；碑铭石刻，体现古代淳朴民风。山水草甸，令人感受田园牧歌式生活；水埠巷道，引人领略一方风情。

▼漳村全景图
（任春才摄）

氏族源流

漳村最早为邵姓、张姓人始居地。据族谱资料记载，南宋末年（一说元末1360年），县内武口王氏九府君仁干支管溪（休宁板桥）派十八世王寿泗从浙源迁入漳村称长寿里。元、明之际，先后有武口单氏德成公派下二十一世尚存公支分居迁入，相继又有另一支单姓迁入；清康熙三年（1664），又有相隔数里的武口三府君仁旺支山头金源派廿五世承裕、承祖公兄弟迁入。其后，又有仅一山之隔的双杉王枧田王村支派迁来燕山，即漳村后山，至此形成了三王两单的氏族格局。明正德年间有武口滕璘后代的滕姓迁来，清光绪间有县城西培里程履丰一支和五亩段的萧江支系迁来，又有延村迁来的金姓，此后陆续有俞、詹、赵、吴、万、汪、齐、吕等姓迁入，成为一个多姓聚居、和衷共济的大村庄。三支王姓人丁最旺，逐渐成为大姓，建有"思训堂""敦伦堂""致敬堂"等祠堂，单姓建有"笃爱堂"祠堂。其他姓氏也有标志性地名，如江家衖、金家衖、程家坦等。村中还有一家村、三家村、后山、乌老庄、龙船衖、亦政角、装茶埠、五家衖等地名，均具有历史意义。除祠堂等古建筑外，还有众姓合建的社祠、华佗庙、忠靖祠、玄帝庙等庙宇。

历史人文

传说漳溪北面山形有"九龙过河"之状，"脉护漳村阳基"，预言以后要出9位大人物。漳村于清代始发科第，先后有乾隆四十六年（1781）进士任太仆寺少卿的王友亮、同治七年（1868）进士任扶沟知县的滕希甫、光绪二年（1876）进士任邯郸知县的王炳燮、光绪二十八年（1902）进士单镇等四人。除进士出身的王友亮、滕希甫、王炳燮、单镇外，由举荐、封荫进入仕途或获得官位的还有多人。据民国十四年（1925）版《婺源县志》记述，其中在明清时任县尉以上的王姓官员有23人，滕姓官员4人，金姓官员1人。上述人物中，于世名声最著者是王友亮和王凤生父子。王友亮（1742—1797），字景南，号葑亭（一作葑町），又号东田，清代诗人、文学家。历任内阁中书、军机章京、刑部主事、通政司参议、太仆寺少卿、通政司副使、诰授中宪大夫和例晋中议大夫。十岁能诗，享有诗名，与主张性灵论的著名诗人袁枚多有交往，诗格与之相近。袁枚对他有"风雅尤钦鲍谢才"之评价，说他的才情可以与南朝（宋）鲍照及南朝（南齐）谢朓等著名诗人相比。其著作《双佩斋文集》4卷、《双佩斋骈体文》1卷和《双佩斋诗集》8卷被收入《四库全书》。

王凤生（1776—1834）字竹屿，清嘉庆年间游学京师，得到大司寇姜晨的器重，补任嘉州通判。著《保甲事宜册》，经浙闽总督通檄所属州县，刊为程式。升玉环厅同知，未及一年，清结积案700余件，继又被委任清查盐务暨通省州县仓库，兴修浙西水利。后王凤生任两淮都转盐运使，革新盐政，兴利除弊。又调赴湖北综办水利，为官政声甚著。他平生仕以为学，每任职一方，皆审度情势，作为图志。又慷慨好义，倡立京师婺源新馆、江宁（今南京）上新河义济堂与广善堂。著作多以正纲

▼ 水边人家（张银泉摄）

纪、达民情、兴风化为主旨。据陈五元《婺源历代作者著作综录》及有关史料记载，漳村历史上留有著作的官宦、文士有 17 人，著作共 49 部 50 余卷，其中还有王少华、王玉芬等两位女诗人。

古建遗踪

王姓敦伦祠，建于清雍正年间（1723—1735），双溪王氏三府君后裔郁斋公、冰心公兄弟为祀漳村始迁祖承裕公而建，占地面积约 1100 平方米。祠宇分三进，门额为"王氏宗祠"，祠前两旁原陈列有进士王友亮的旗杆石。享堂匾额"敦伦祠"为当时知县、陕西陇县人吴之琏所题，堂名取义于康熙十九年（1680）安庆通府王国君题赠王承裕司马的"重义敦伦"。后进楼上为安放祖先神位的寝堂。20 世纪 50 年代后敦伦祠曾一度改作粮站，如今虽已倾圮，形貌犹存。

王姓思训祠，建于清雍正年间，占地与敦伦祠相仿。漳溪王氏二十八世文漳公兄弟五人为祀先父中宪大夫士锦公而建，以追思庭训而名思训祠。祠宇分四进，享堂至寝堂有廊相连，中庭天井置有巨大石缸，寝堂与后寝均有楼。楼后有厨房、后院，后墙嵌有封山、养生示禁石碑。其中一块碑为清乾隆二十七年（1762）五月初十日立的《合村山场禁示》：

> 特授婺源县正堂加三级纪录五次纪功一次胡为公吁赏示永禁杜患事。据王文、王敦伦、单彬华、□□□、单笃庆、俞兴灿等具禀前事，词称：身村四户公置俞师坦茶坞、里田坞，面前山、下坞、西培、□坞、头下坞、上培、板门桥、林子坑、黄培山、仓坞培等处山场十二局，乃一村之来龙，面前水口攸关。栽种杉松竹木，掌养保护，屡被无知小民入山侵害。今村佥议，业经唱戏鸣约加禁，但恐人心不一，未沐示□，仍蹈前辙。为此，公吁宪太老爷恩准赏示，勒石严禁，俾愚民知有法究，而山场永无侵害，合村感戴上禀等情。据此，合行示禁。为此，示仰附近居民人等知悉：嗣后，王文等公置俞师坦等处山场杉松竹木，乃一村攸关，□□□□□山侵害。倘有不

法棍徒擅敢砍伐，许业主同约保指名，据实赴县具禀，以凭严拿，大法重究，断不宽贷，各宜禀遵毋违。

　　特示。遵。

乾隆二十七年五月初十日

示仰勒石永禁

祠堂曾设漳村中心小学，直至 2002 年迁景范小学新址。后来拆除建筑，袒露祠基原貌。

　　王姓致敬祠，为王氏九府君仁干支后裔六世祖元可公自武口迁婺北官溪，八世祖守宣公迁浙源西坑，十八世寿泗公迁漳溪后所建。20 世纪 50 年代改作茶站，直至迁思口。后因年久失修，内堂倒塌，现仅存部分外墙。

　　单姓宗祠是漳溪单氏八世祖单维迟为"厚本源、聚子姓"而创建，占地面积约 730 平方米。清乾隆十八年（1753）四月动工，历时一年多，于次年十月完工。祠宇分三进，祠前两旁分列八个旗杆石，门额为"单氏宗祠"，下有四字横额云"四世大夫"。享堂匾额"笃庆堂"三字为同村人王朴园先生所书，下有"誉重南金"四字横额，寝堂额为"爱存懋著"。祠中有廊庑，祠旁有厨房，置有祭器。又捐资二百两置祠产，供春秋祭祀及族中子弟在族校读书的支销，极尽尊祖敬宗之意。祠宇早已倒废。

古路岭与万松亭。漳村南面原来有一条宽阔的石板路通往思口，出村上这条路的地方，有一座天灯。路上有两段不高的台阶，婺源方言称有石级的磴道为"岭"，这里原来是一条小路，开得较早，过去称为古路岭，后来传走了音，习惯称为过路岭。过路岭不仅是漳村至思口的一条便捷之路，而且也是思口去浙源必经之路。后山那边也有一条通思口汪帝庙边出的石板路，却要窄些，位于这条岭上首，叫上过路岭，因此则有上下过路岭之分。

下过路岭两边原有一大片松林，松树大的有合抱粗，郁郁葱葱，有数十亩之广。风起时阵阵松涛响起，壮人胸怀。过路岭中段原建有一砖砌的骑路亭供来往行人歇脚，两头门洞上有石额，北面刻有亭名"万松亭"，南面刻的是"引人入胜"四个大字。这片松林，抗日战争时期为造木城防卫，及20世纪60年代开山种茶，先后被砍光，成了大队的"万松茶场"。万松亭在20世纪70年代开公路时也被拆毁，遗迹已荡然无存。

亦政角装茶埠。从前，漳村自三家村以下，沿河有六七个溪埠。溪埠不仅供洗衣、挑水之用，还可泊船，旁边均有大榉树，可用来系缆。漳溪昔日是水运河道，是过往船只停靠的码头，亦政角上首有个小港湾，更方便停泊。清代至民国时期村中原有金振东的"得意主"、金晖吉的"吉生昌"、王炜襄的"吉祥隆"、王礼和的"和兴祥"等几个茶号的茶叶都在这里装船起运，因此这个溪埠就叫装茶埠。公路开通以前，大批量货物全靠水运，漳溪一带水埠成为婺北过往船只的停泊码头。亦政角埠头则成为货物聚散之地。

淳风义举

漳村自古民风淳朴，乐善好施。据《金源王氏宗谱》卷之五《耀光公传》记述，始迁祖承裕公原居山头则于太尉庙村建石桥，修庙宇，迁居漳溪后睦邻化俗，轻财重义，立义仓，修桥路，多有善举。后代居南京上新河，仁风远播，口碑代代相传。单、滕诸姓人，亦多共襄公益。

勒石维风禁碑。敦伦祠后墙有两块清乾隆三十二年（1767）刻的石碑，一为维护文明风气，禁河杜绝捕鱼；一为禁山养林，保护生态。《养生禁示》碑文载道："漳溪一带临水而居，浣汲妇女络绎不绝"，而渔户"一交夏暑，众皆裸体水泅，妇女居民望而怨怒。尤患秋冬水枯，罟取更多，强者称霸横纲，弱者不甘空守，两相争斗"，故"为公吁赏示养生勒禁维风杜缓事"。"维风杜患"缘由为临河而居的村妇常来河边洗涤衣物，而外乡捕鱼的人常赤身裸体在河中流连，让妇女难以回避，有伤风化。禁盗林木为王、单、俞、滕四姓人合议，封山保护林相。而且明载权属，避免今后纠纷。禁约均经当时县官批示，违犯可报官查办，具有慑服力。

徽浙 72 座石亭。据《金源王氏宗谱》卷之五"列传"中《鄣峰公传》中记述："……所在桥梁大路圮坏则修之，坎险则积沙累石以荡平之。数里必有亭，亭必有茶，自星源以达毗陵、姑苏、京口、秣陵诸要会，征夫行役无不人人歌饱王公之德者。"毗陵，即江苏今常州、无锡一带，京口即镇江，秣陵为南京。据说婺北至南京及苏州等都市沿途有 72 座石亭，都是漳村王亦政先人捐资修建的，于此可以见证。据退休教师王基良先生说，王氏祖上建的石亭，亭中石墙都安有阿弥陀佛石雕像作为标志。鄣峰公为迁漳村始祖承裕公的儿子，谱名启仁，字能五，号鄣峰，太学生考授州同知，因侍养年高父亲未赴任，内外经营，乐善好施，尤其以修建浙岭亭传为奇闻。浙岭过去是婺北去徽州必经之路，也是徽（州）饶（州）古道上的一处关隘。蹬道上七（里）下八（里），险峻崎岖，行人经过非得饮茶歇息才能继续前行。岭上原有一庵供茶，年久失修近于倒塌，一僧人欲募善款重建，夜梦有贵人经过，次日果遇鄣峰公。鄣峰公见状慷慨解囊重建庵亭，并捐米租备茶水费用。据现居婺源县城的王新元先生实地访察后记载："浙岭顶上同春亭是乾隆乙亥（1755）年漳村人王文德造。过去几里有继志亭，是乾隆三十年（1765）漳村王廷享立，乾隆五十三年（1788）年修，嘉庆十七年（1812）重建。"文德公为鄣峰公孙辈，廷享为文德公第三个儿子，可见乐善好施的家风代代相承，功德无量。

枧田岭磴道。漳村对岸通往王村的石板路原是从南山上走，右转弯经面前山的花坞去的，后来漳村人王礼和七十岁生日时出资修筑了这条磴道枧田岭。王礼和青年时为茶号帮工，留心经营之道。后来自办茶号，在本村和前坦开设有"吉和隆"茶厂，并在县城西门桥下开有"和兴祥"杂货店。民国二十七年（1938）王礼和七十岁生日，很多人送礼祝寿，他却坚持不做寿，将做寿的钱用来修筑枧田岭方便行人，从岭脊至王村枧田方向的岭底筑 70 步石阶作为七十岁生日纪念。收了寿礼没有请人家吃酒总得回请，于是他就到景德镇定制了一批专用寿碗作为回谢。枧田岭这条岭路是漳村以北村人来往的必经之路。王礼和出资修筑岭路，方便行人的事迹，至今一直在乡民中传为美谈。

古渡口与板凳桥。漳村亦政洲上角原有一个古渡口，过河沿林底有石板路连接枧田岭，上通浙源及远达休宁，过去是婺北主要通道之一。乡村公路未通前，这里是主要交通岸口。河宽 115 米，枯水期架一座有 23 板长的板凳桥，为县内乡村罕见。汛期雇船工摆渡，吃住都在船上，随时可以"叫渡"，以免过往行人望河兴叹。桥渡费用，原在村人所捐田租中开支，俗称桥会田。人民公社时收归

◀ 漳村板凳桥
（任春才摄）

集体，桥渡费用改由集体负担，亦到附近村庄争取一些赞助，山林好的生产队则出一定规格的杉木供做桥板用。撑渡船的船工除领取一定的佣金外，年尾还可到有人过渡的村庄挨家挨户去"收冬"，即每家送些糕粽，多少不等。一条源进去有数百户人家，也是一笔可观的补助性收入。放桥板的桥屋，由村人王礼和捐建，一直保留至今。

水龙庙。建于1940年，为村内茶商王礼和独资捐建。置有从外国进口的"水龙"，即一端有金属喷头、另一端有水管与水源相接，用人工和机械增加压力吸水、喷水的一种救火设备。一旦发生火灾，可及时扑灭，防止蔓延，减少损失。庙中祀有龙神，庙门上额原有"潜龙广镇"四字，内有"能卫灾斯为有济，唯勿用更见其神"的联文。过去每年农历四月初十，家家前来祭祀，祈求村中不发生火灾。并对"水龙"进行一次检修，然后在河边演习试用。

船形村基和船尾水口

漳村村基为船形。如果站在村对面的高山上看，漳村就像是一条大船停泊在港湾里。古时上村头有株很大的松树，下村尾有株很大的枫树，俨然两支插在船头船尾的撑篙；村中间有一株冠幅巨大的樟树，樟树中还长出一株大杉树，望去极为壮观，像是船上的桅杆挂着风帆。漳村鼎盛时期户口曾逾八百，生活用水全是到河里去挑，村中从未打过一口水井。据说如果穿地打井，会使这条船漏了底，影响村运。村中也不能养牛，恐被牛踏坏了船。遗憾的是，那些象征船篙、船帆的珍贵古木，在20世纪六七十年代的改田造田高潮中已全被砍伐。

漳村这条停泊的船，似是蓄势待发，聚积元气。船头朝清华水流经金竹右转的洑水潭，为漳村源头；船尾靠村东。玄帝庙成为水口，东邻思口玉坦。东北面山峦起伏，林木扶疏，其间有以仁德著称的迁漳村二世祖鄣峰公与张安人合墓，案称梁上挂金钟，王姓人祥发二百余年，人才辈出。南面洲地绿荫掩映，与田畴相接，生机无限，气象万千，此为漳村水口之大观。徜徉于溪岸游步道，令人流连忘返。

思溪 枕山环水

吴精通

思溪村位于婺源县思口镇境内，村落布局呈"船"形分布，地势南高北低，南枕青山，北环流水，空间轮廓又似"鱼"形。民居古建与自然环境协调统一，是婺源经典的徽派古村落，思溪村先后入选"中国传统村落""中国历史文化名村"。

思溪村建于宋代，南宋庆元五年（1199），俞若圣携家人迁来此处，在泗水北面的山坡建房定居，取名"泗溪"。起初，俞氏数代单传，人丁不旺。南宋景炎二年（1277），江南战乱，民不聊生，纷纷逃难，俞氏迁思溪第四代俞伯恒举家逃往外地避乱。元灭宋后，战乱平息，俞伯恒回到故里，所幸居室未遭破坏。站在故居旁，见泗水南岸有人家居住，问后得知为江姓，他高兴地说："泗水，对俞姓不利，今有'江'在，'俞'何患无水，俞姓定当从此兴旺。"元大德三年（1299），俞伯恒率众从外地迁回，在泗水南岸的南山之下建房定居，面对泗水滚滚东去，思而感叹，水有源头，人有祖先，不可忘记根本，将村名"泗溪"改称"思溪"。后来，江、俞两姓合居，果然人烟聚集，越来越兴旺，成为一个千烟村落。如今，思溪村以俞姓为主。

▼ 思溪全景（张银泉摄）

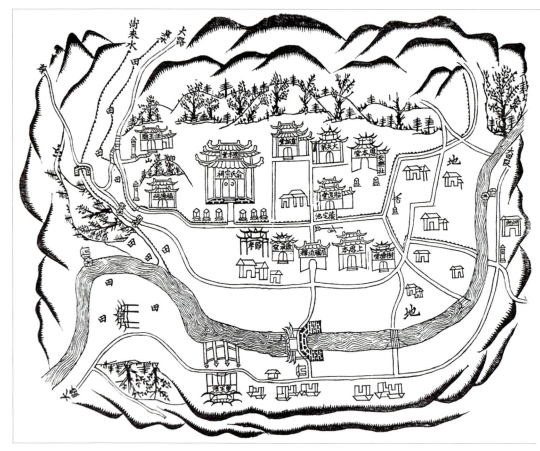

▲《泗水俞氏干同公支谱》中思溪古村图

    思溪村基坐落在一处溪水环绕的平坦坡地。村落北面一汪碧水呈倒"U"字形环绕村落，宛如一条玉带缠腰，将整个村庄环抱起来；南面是远处发脉而来的南山，像一道屏风护卫着村庄，是村落的"来龙"。南山中间昂起，两侧平低，状如一顶官帽，又像一个宝盖头。中间昂起的山顶称为"富字顶"，山脚下原有一口田，构成一个"富"字，村中民居都背倚南山的"富字顶"而建。整个村落三面环水，背靠青山，具有典型的"以山为靠、依水而居"的村落选址特征，呈现传统的徽州村落格局。村落"来龙"南山背后有两条小溪流出，被称为"粮仓"和"银库"，由东西两个方向流向村前被称为"聚宝盆"的鱼塘田汇合，然后注入泗水河。思溪村古时有"八景"，村东有"檀峰旭日""印墩峭石"，村

北有"溪流环带""沙案横琴"，村西有
"吴潭蘸月""泗塔凝霞"，村南有"目水
翘岑"，村西不远处有"梵宇凌云"。绵
延起伏的山峦四面围合，村庄两边平畴
远畈，境界开阔，展现出一幅丰饶富庶
的田园画卷。

　　思溪村落古朴幽雅，街巷布局非常
讲究，以衔接通济桥的巷道为主轴，连
接东西向、南北向各 3 条主巷道与 12 条
支巷，将民居连成一体。街巷总体布局
呈"井"字形。在百寿花厅旁有一口古
井，井圈呈六边形，由六块燕尾形厚实
青石板锲合而成，严丝合缝，俗称"燕
尾井"。这口古井是村中唯一的水井，相
传是"鱼"形村基的"鱼眼"，船形之村
基，船头插撑杆的杆眼。因为船身不能
打洞，所以整个思溪只有这口井。

　　思溪村旁的清溪上有三座桥，由
西至东，分布有一座石桥、一座木桥
和一座廊桥，像玉带上三个扣子，紧紧
锁住一溪两岸。村落西边是一座平板石
桥——延寿桥，此桥长约 20 米，宽约 1
米，为两墩三孔石板桥，两个石墩呈尖
嘴船形，高有两米多，桥墩之上平铺三
块巨大的青石板作为桥面。相传，有一
年思溪发大水，桥面有块石板被洪水冲
断，是村里一个体弱多病的老妪将自己

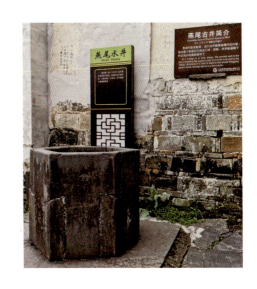

▲ 燕尾井（吴精通摄）

▼ 百寿花厅（吴精通摄）

置小棺材的钱捐出，请人将断了的桥面修好。后来这位老妇身体变好，活到90多岁，村人都说是做了善事的缘故，故称此桥为"延寿桥"。桥下首是一个溪埠，是村人洗衣洗菜的场所，溪埠旁有一棵大枫树，浓荫蔽日，为人们遮挡夏日的阳光。在村落中段是一座木质板凳桥，三架四板，长约15米，宽约1米，坐落在敬序堂的前方，桥下首设有溪埠。

在村落东边水口建有一座廊桥——通济桥。据说，通济桥是思溪鱼形村基的背鳍，在村落尤为重要。村人俞品通有诗云："一曲清流两岸溪，板桥横架任东西；二三知己凭栏坐，六七幽禽夹树啼。"这座廊桥建于明景泰年间（1450—1457），由村中俞氏十世宗亨独资建造。俞宗亨名熙通，字济桥，取名之末字"通"与字"济桥"，因名"通济桥"，蕴含"通达四方、利济万民"之意。通济桥修筑独具特色，一墩两孔，河中桥墩用巨大青石块砌成尖尖的船头形，俗称"燕嘴"，利于分水、行船、放排。燕嘴墩上立有"如来佛柱"，柱身呈八面形，每面都刻有佛像及佛号，为镇水之柱，护佑桥墩的安全。宽大的燕尾墩上建有"河神祠"，供奉"大禹神位"，祠两侧原有一副楹联"二水对流彭王庙，一桥横托夏禹宫"，祠上方悬挂一木质横批"明德远矣"。

通济桥建成后，大大方便了思溪村两岸交通，使过往行人在汛期不再望河兴叹，而且还为来往客商提供了一处遮日避雨的歇息之所，桥上还由村人轮流烧茶水给行人解渴。廊桥雨天不湿鞋，晴天遮艳阳，桥两侧有美人靠，可坐、可靠、可躺、可睡，村民乘凉休闲聊天，一年到头，从

▲ 通济桥（张银泉摄）

早到晚，桥上人声不断。桥内可摆摊设点，好比水上商业走廊。通济桥下首两岸均有洗衣埠，桥的南北两岸立有一些禁碑。

在通济桥北侧东头的大路边原有一座彭王庙，曾盛极一时。相传，彭王老爷是自己漂来思溪村口的。原先的彭王庙在下游的延村水口，宋代年间发了一场洪水，水退后延村人不见了彭王庙中的神像，都以为被洪水冲往下游的思口方向去了，但找遍了也找不到，结果思溪人在村东头发现了彭公神像。原来是思口大河中洪水暴涨，往延村、思溪小河里倒灌，将彭王神像漂浮到这里来了。延村人得知后，以为神像本是村庙中的，就要来迎回去，但思溪人不让，说是彭公老爷自己要到思溪来的，双方各执一词，争持不下。后来双方商议通过"卜爻"决定彭王老爷去留。卜爻两次，结果是彭王老爷留在思溪。思溪村人三年建成一座规模宏大、殿宇巍峨的彭王庙，中堂端坐彭王大帝，左右两边为关帝和观音。香案左右还立有两尊判官，一文一武。文的面目慈善，一手执笔，一手拿着"赏善"的簿子；武的面目凶狠，一手执鞭，一手拿着"罚恶"的簿子。做了亏心事的人均畏惧不敢仰视。殿上的大柱子各盘有一条彩绘的金龙，殿下左边悬一口重500多公斤刻有铭文的大钟，口径有一米多，撞响上下三村都能听到；右边安一面大鼓，擂动全村相闻。庙门上额为"护国佑民"，庙前有一片青石板铺成可供演戏的空地，靠河前面有半月形石栏杆。新中国成立初期彭王庙失修，"文化大革命"时期拆毁改建为供销社。

旧时，思溪村每年都要举办彭王庙会，一般在农历正月初八"谷日"彭王老爷生日举行。据村中年逾古稀的俞协祥老人讲述，庙会期间很热闹，要将彭王神像请出游行，一路吹打请到村中万年戏台前落座，演戏三天以取悦神心。一次庙会要演戏数本，一般一个晚上只可演一本戏，足见庙会盛况。举行庙会祭神时要宣读《祭境主彭王文》：

> 乾坤间气，嵩岳分灵。纬武经文，一朝着无前之烈；歌功颂德，千秋垂不久之名。当奸回昌炽之时，凛凛风雷张赤胆；遭国步艰难之际，巍巍云汉搴红旗。奸难戕躬，存乡邑以报国；灵光远播，奋忠勇为明神。爰邀褒赠九

重，遂使钦承四海。某等受庇良多，常常康乐；衔恩实切，岁岁赓扬。雁瑟鸾笙，睹神威而志喜；虞弦鹤舞，祝圣诞以无疆。此日孤辰，聊存水陆；他年谷旦，复奏云璈。

彭王老爷是一方保国佑民的婺源本土神灵，思溪村人称为"境主"，护佑一方百姓安宁。据元代泰定丙寅（1326）正月胡炳文所撰《彭王畲庙碑》记载，彭王老爷原名彭畲，婺源县赋春镇霍口村人，唐末黄巢起义，彭畲率兄弟族人为保境安民战死。宋理宗开庆己未（1259），合州（今属重庆）受围，宋元交锋时忽空中现大旗曰"婺源彭王"，合州之围遂解，主帅李遇龙上其功于朝，加封为"王"，以王之英烈，生而为邑人排贼患，死而为国家靖兵凶。且自江至蜀凡万里，光灵远扬，惠爱旁孚，其勋德固宜与祀，典为无穷也。后在霍口、桂岩、思溪、高砂诸处立"彭王庙"，乡人凡祷水旱疫疾均验。胡炳文曾作迎享送神诗曰："双溪合兮溶溶，庙孤峙兮东峰。水秀兮山雄踞，异气兮神所钟。"

彭王庙其实坐落于思溪村案山的东头，村前村后诸水都在庙前的山嘴处合流。此起至对面林山（俗称水鱼）为思溪水口。为弥补水口宽处不足，村人沿溪营造一片水口林（即榉树洲）。同时，还在彭王庙左面建了一座文昌庙，里面供奉文昌帝君；右边建了一座相公庙，奉祀范蠡大夫。这些古建筑，包括村后山的汪王庙和五显庙，村东南的土地祠，均已消失在岁月的风尘之中。

思溪村落粉墙黛瓦与青山秀水相辉映，"泗水萦回而财赋丰裕，群山环绕而人文津兴"，给人朴素淡雅的美感。经过八百多年的生生不息，这个山清水秀、风景优美的村庄，成为一个物阜民丰、繁衍兴盛的家园。至今尚存百余幢明清时期徽派建筑，高墙大柱、雕梁画栋，可知其一时兴盛辉煌。民居以明清古建筑为主，巷道以青石板铺就，村内代表性古建主要有"振源堂""继志堂""承裕堂""承德堂""百寿花厅""银库屋""敬序堂"等，"三雕"工艺精湛，凡梁坊、雀替、护净、窗棂、隔扇、门楣和柱拱间的华板、厢房壁等处，大都精心采用木雕装饰，采用浮雕、圆雕、透雕和辅之以线刻的手法，雕刻龙凤麒麟、松鹤柏鹿、兰草花卉等图案，寄心明志，赋予建筑美感，充分体现了徽派民居的建筑特色。其中"敬序堂"建于清雍正年间，房屋由庭院、正厅、后堂、花厅、厨房、花园等组成，建筑雕刻精细完美，曾是《聊斋》系列电视剧主要外景地之一；百寿花厅十二片隔扇门的腰板上，阳刻不同形态篆书的"寿"字，人称"百寿图"，堪称精妙。从远处看这些古民居，马头墙高低错落，在蔚蓝的天际勾画出墙头的轮廓线，增加了空间的层次和韵律美。

思溪村属亚热带温暖季风湿润气候，年平均气温 16.5℃，年均降水量 1857 毫米，70% 降水集中在春、夏两季；无霜期 252 天；全年日照时数约 1890 小时。思溪村属丘陵低山区，地质条件为构造侵蚀剥蚀丘陵区，残坡积物覆盖，土质肥沃，是婺源传统产粮区；村后的南山面积约 17 万平方米，东西走向，植被覆盖率高达 96% 以上。植物种类丰富，古树名木繁多，有樟、松、杉、柚、楠、柏、梨、桃、桂、紫薇、牡丹等。树木森森，郁郁葱葱。村边良田千顷，茶园绵延。野生动物则有獐、麂、野猪、野兔、穿山甲等。思溪百姓十分重视生态环境保护，泗水岸边、通济桥头的各类禁碑都是有力见证。

思溪村以传统农业为主要经济，主要种植林木、茶叶和水稻。农业水利设施完备，建于村落泗水上、下游的两座拦河石堨，既蓄水、引水以便于灌溉河两岸的一千余亩良田，又使村前河段抬升水位，平缓水势，便利村民洗濯；从两座拦河石堨引出的水，通过沟渠引流到田间地头，其中规模较大、保存完好，至今仍在发挥灌溉作用的有龙河圳等。

几百年来，思溪人杰地灵，涌现出一批文人志士和商界精英。清乾隆至光绪的近 200 年里，思溪俞氏和江氏中进士 5 人，举人 17 人，进入仕途实授官职的有 12 人。思溪儒商是徽商的一支劲旅，明末至清在江浙乃至湖广经商，主要经营木材、茶叶、盐业等。经商致富的人携资归故里买田置房兴教，培养造就了大批的知识分子和商界精英。清康熙年间打开"海禁"后，婺源绿茶开始闻名世界。因为经营茶叶获利丰厚，思溪商人纷纷投资茶号，精制茶叶出口海外，还开垦了许多茶山，发展茶叶生产，村内茶号最多时曾达到 9 家，茶商盛极一时，村庄兴旺发达。

思溪村利用深厚的文化底蕴和精美的商宅民居发展旅游产业，打造成为一处旅游景点，古村焕发新机。2010 年 3 月，思溪获评国家 AAAA 级旅游景区。

延村 山环水曲

吴精通

延村位于婺源县思口镇境内，村基坐落在山谷间的平川，北面有来龙狮山倚靠，南面有茗峰、旗山遮蔽，村前一条清溪自西向东蜿蜒流淌，村庄东西两侧为大片稻田，整个村庄镶嵌在锦峰绣岭、清川碧河的自然田园之中。村落空间轮廓呈不规则几何形，总体布局显山露水，凸显人与自然和谐相处理念，面前群山

郁郁葱葱，植被良好，山环水绕，风光旖旎。延村是婺源经典的徽商名村，先后获评"中国历史文化名村""中国传统村落"。

延村，是一个金姓为主的多姓氏聚居村落。据《婺源县地名志》及宗谱史料记载，北宋元丰年间（1078—1085），吴、汪等姓相继迁于此地始居，形成聚落。元代泰定年间（1324—1328），新安太守程元谭四十一世孙、王府典膳程德盛自常山县岩前徙此，是为延村程氏之始迁祖也。旋于明代正德（1506—1521）至清代康熙年间（1662—1722），又有金姓先后分四支从婺北沱川迁入合居（即金添爱，正德年间始迁；金德尧，天启七年（1627）继迁；金道昌，康熙八年（1669）入迁；金蕃昌，康熙二十五年（1686）入迁），且随着子孙繁衍，成为延村大族。此外，民国时另有刘、徐、罗等姓，新中国成立后有王姓迁入。村名原称"延川"，系乡民期冀后世繁衍，如村前清溪川流不息、绵延百世之意，后俗称为"延村"。

▼ 延村全景（张银泉摄）

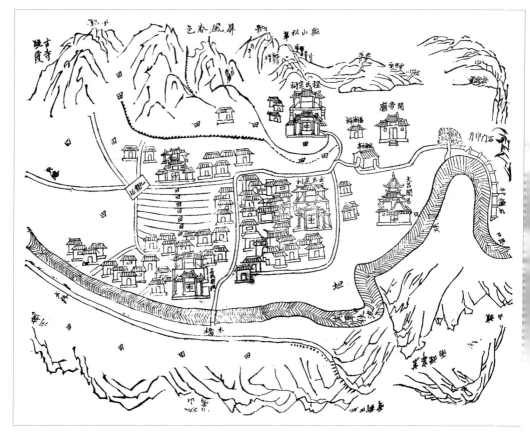

▲《婺北延村程氏宗谱》中延村古图

　　延村建在一片平坦田畈之上，这在山多田少的婺源是个独特的存在。这也许是因为村人大多外出经商，并不依靠农田过生活，所以致富后归乡购田建房，整个村落由西向东逐步拓展，形成了如今的模样。延村的水口距村落约 500 米，两山对峙，水口紧闭，形成"锁钥之势"。村人十分重视对水口景观的营造，兴建了一批人文建筑，主要有水碓碣、文昌阁、关帝庙、节孝坊、孝女坊等。水口外青石板路的险要处还有九曲石栏杆，长 20 丈，清乾隆三十四年（1769）金汉三"慨然独出己赀，鸠工伐石"建造。

　　水碓碣建在水口两山之间，抬高水势，引水驱动北岸水碓房中的水碓，旧时是村民加工大米的地方。文昌阁建在水碓碣上首的河边，建于清嘉庆八年（1803）秋。村民金观希家中存有一块碑石记载："本村水口关帝庙左首，金霁坪自愿输租八秤，与众换田独建文昌阁，为合里肇开文运，颇当大观。楼上供奉神像四座，楼下供奉神像两座，计用费二千金。望子孙笃志读书，世守勿替也。嘉

汾水 闲来拟作锦屏探

方跃明

　　汾水，是上、下汾水的合称，其建村历史最早可以上溯到北宋年间。根据《婺源县志》《婺源地名志》和《沣溪吕氏举要世谱》的记载，原居安徽省歙县向杲村的吕从谦，为了寻找心中的世外桃源，于北宋大中祥符七年（1014）率家人历尽千辛万苦地

耀祖光宗垂裕后昆。他们做到了，在竞争激烈的商场上拼搏驰骋，生意红红火火，财源滚滚而来。但是明清时期商人社会地位低下，在外面经商致富，晚年回到家乡却没有荣归故里的感觉。传统的重农抑商政策，导致了难以逆转的鄙商贱商的思想观念，富庶的商人无时不想改变这种不合理的状况，设法摆脱"四民之末"的地位。

清朝政府看透了富商们的这种心思，为了增加朝廷的财政收入，清初开始便在全国实行捐纳制度。捐纳，说白了就是明码标价，买官卖官。清初捐纳只是得个虚衔，得个什么"大夫"，并规定京官以郎中、外官以道员为限，再往上则属非卖品，但到后来，只要银子捐得多，稍大的官也能买到。西冲商人从三十一世开始，一直到三十八世，共有99人捐纳。

西冲捐纳人数最多的是三十五世光字辈，多达29人。捐输官职最大的是俞兆灵，他第二次捐了个朝议大夫，从四品。捐输次数最多的是俞俊祠、俞本仪，二人均捐输3次。西冲商人捐输人数之多、官衔之广，在婺源商帮中也不多见。旗杆墩上曾经迎风飘扬的一面面书写着官衔的旗帜，也是西冲一代代木材商人叱咤商场的见证。

水口古树：挺拔参天守护着西冲

范蠡庙对面，有一古木群，古树参天，郁郁葱葱。"谷口寻来树影低，人家丛住小桥西。渠渠夏屋深如隐，缕缕炊烟望若迷。云外何人朝放鹤，林问有客午闻鸡。淳风朴俗推珂里，聊借微吟略品题。"清代诗人施衡为西冲题写的《六水朝西诗》，描述了西冲水口美好的自然生态。

美好的自然生态，引来众多白鹇在水口树上栖息，如古诗赞叹："白鹇远举任东西，高树双双向午栖。雪羽霜翎仙似鹤，柔冠修尾锦同鸡。倦飞正喜米曦永，醒梦还欣白昼啼。幸列文禽珍五品，骚人看意为渠题。"

西冲水口，是古代先民和木材商人对山水之美的热爱和向往。这些精心打造的水口景观，体现了"天人合一"的思想，蕴含着传统文化内涵，也是西冲人继往开来保护建设秀美乡村的历史见证。

▲ 西冲水口（张银泉摄）

民居大同小异，但梁枋的雕饰却别具一格，不仅工艺细密精美，内容也出新出奇，除雕刻人们常见的琴棋书画、花卉鸟兽和戏曲典故外，还特意将犁、耙等农耕工具也雕刻在醒目的位置，以表达对耕读传家的崇尚。

正和堂朝大路的边门额上，嵌着一块青石匾额，镌刻着繁体"西谷"二字仍保存完好，字迹清晰。

水口旗杆墩：西冲商人的荣耀

正和堂祠堂前，摆放着4尊六边形状的旗杆墩，墩面分别刻有"俞兆灵""俞国祯"等名字。旧时这些旗杆墩上，都曾竖有"候选布政司理问　朝议大夫""捐布政司理问　奉直大夫"等旗帜。这些耀祖光宗的旗杆墩，是西冲商人的荣耀，也是一代代西冲商人的精神向往。

西冲商人出外经商，心底都有一个梦想，那就是赚钱养家，在商界做出成就让古宅更符合现代人的居住习惯，又尽力保持古建所承载的历史文化痕迹，两厢添置了美人靠，享堂上的"正和堂"匾额依然保存完好，保留着200多年前的历史记忆。

正和堂，原称"职思堂"，是西冲大木商俞兆灵后裔建造的支祠。春秋时有被称为"封人"的官员，掌管修筑王畿、封国、都邑四周疆界上的封土堆和树木。婺源人把村庄水口也视作是村子的疆界和锁钥，种植长荫树，建社坛庙宇，水口尽管没有封人看管，但村民人人都自觉履行着维护水口之"职"。俞兆灵常年在外经商，心怀乡井，常牵挂西冲水口的建造。生前他多次提出在水口建一祖庙，但因地势地基等羁绊，虽筹措了资金，但祖庙一直未能动土兴建。俞兆灵逝世后，其后人为实现他未竟的愿望，不惜工本，多方活动，终于选好了一块理想的地基，并调集资金采办建材，于道光壬午年（1822）夏正式动工，道光甲申年（1824）暮春告竣。后易名为"正和堂"，寓"中正平和"之意。

正和堂两侧柱上的对联是："一等人忠臣孝子，两件事读书耕田。"旁边的民居"懿行堂"，是清中叶著名木商俞本仲建造，他是西冲在南京木商世家中的第二代木商，为人和善，亦商亦儒，对《周礼》中大司徒教民的孝、友、睦、姻、任、恤六种行为标准恪守谨记，善行不胜枚举。"懿行堂"房屋规模结构与徽派

▼ 西冲俞氏宗祠（张银泉摄）

物质财富，有了相当的经济地位，便效仿陶朱公，以自己的钱财去兴办公益事业。他们践行陶朱公范蠡的"财富三聚三散"，认为赚钱是"聚财"，做善事是"散财"，要能聚能散，千金散尽还复来。俞星焕"营木业于金陵，善合计，饶于财"，输巨资建金陵会馆。俞星灿跟随大哥俞星焕在南京经营木业，资助建造新安会馆，修大王庙、三元宫，在西冲商人中留下美谈。

西冲商人以经商为傲，不痴迷"万般皆下品，唯有读书高"的说教，木商老板俞承烈少年攻读举人，后弃儒经商。他说：婺源山间茅屋书声响，认为是美好的现象，其实就因为婺源"多书声"，才"多茅屋"。婺源人愈贫愈读，愈读愈贫，村学究只知在学馆谋生，赚十几两最多几十两银子，"仰无足事之资，俯无足畜之具"。还不无骄傲地说道："我虽然也有个'训导'的候选官衔，但官同冷水，何以风追端木（端木即孔子的学生子贡，善于经商而致富）取盈。后来我还是靠木材生意，才有腰缠万贯，才能购置良田，盖起了高堂大厦；我财力有余，才能续修宗谱、创建书院。"短短数语，确实是不一样的商人，不一样的西冲。

范蠡庙对面的樟树、枫香、女贞、苦槠、浙江柿等古树依然郁郁葱葱，枝繁叶茂。不远处还曾建有石牌坊、土地庙。不久前，村民把社公、社母等四方老爷请进了相公庙，塑了神像，不时有香客前来祭拜，庙中香烟袅绕，香火得以延续。

水口支祠：木商梦寐维护水口之"职"

西冲水口边，迎面是一片古老的砖墙，墙面被沧桑岁月变幻容颜，从一个个高耸的马头翘角可以看出，这是一座大型的公共建筑。从高墙的耳门进入，眼前豁然开朗，原来是西冲俞氏的支祠正和堂。2014 年，正和堂翻修改造，成为西冲第一家名为"墅家墨娑·西冲院"民宿。据投资商介绍，墅家·西冲院是墨娑系列的代表作品之一，可以看出设计者在"修旧如旧"方面是下了功夫，建筑本身的马头墙、小青瓦、门口的大樟树、斑驳的墙壁都得到了完整的保留；前堂更换了容貌，增加了现代元素，房屋光源、功能分区上大胆创新，

▲ 村前荷花塘（张银泉摄）

范蠡的塑像，把范蠡作为木商的职业神、财神，祈求财神护佑。

相公庙面积约为80平方米，坐北朝南，青石基脚厚实，门前五步台阶。庙门有副对联，曰："徽商发迹荣故里，乡间感恩思范蠡"，显然是由近代人书写，却真实地展现了西冲木商的精神面貌。西冲谱牒中效仿陶朱公以商为业、以商为荣的商贾比比皆是，范蠡不仅是西冲木商心目中崇拜的财神，更是西冲木商憧憬学习的偶像。

所以，西冲木商对财富有自己不同的看法。有人认为：财为养命之源，故"财"字偏旁从"贝"，教人珍惜财富不可挥霍；银为利用之宝，故"银"字偏旁从"艮"，教人懂得止息不可慷慨。西冲木商俞俊裕却说："这些看法言过其实了。'财'字固然从'贝'，但'利'字从'刀'又该作何解释？一味珍惜财富，恐怕要被财富祸害。'银'字固然从'艮'，但'钱'字从'戈'又作何解释？过于止息，恐怕也要受金钱的拖累。"有这种想法的岂止是俞俊裕，西冲木商有了

坊"，如今里外两座牌坊都不见了。欣喜的是，在水口原"新亭"的位置，恢复重建了新亭。当年著名书法家俞铁笙写的"六水朝西""三峰拱北"题额，镶嵌在亭两侧的门楣上。亭有楼阁，登上亭楼，可四顾赏景，寻觅乡愁。

水口范蠡庙：祭祀木商崇敬的偶像

走出新亭，右侧便是"相公庙"，又称范蠡庙。

范蠡是春秋末期著名的政治家、军事家和经济学家，后人尊称他为"商圣"。他出身贫贱，博学多才，因不满当时楚国政治黑暗、非贵族不得入仕而投奔越国，辅佐越国勾践。传说他帮助勾践灭吴功成名就之后，急流勇退，浪迹江湖。期间曾三次经商成巨富，三散家财，自号陶朱公。明清时期的婺源商人，特别是富商巨贾，对于当时处在"四民之末"的社会地位愤愤不平，所以他们以陶朱公为偶像，表明经商的巨贾中也有"圣人"。西冲木商在家乡建"范相公庙"，供奉

▲ 西冲全景（张银泉摄）

真堪比，木假苏家一脉亲。"

　　村庄坐北朝南，南山像屏风似的遮蔽着村庄，古人称此为"南屏绕翠"："当户南山翠绕庭，徘徊仰止几曾登。回环螺黛云烟淡，酝酿精英草木灵。折屐豪情穿仄径，读书清影入疏棂。卧游便自饶奇胜，恰似襄阳画作屏。"

　　一条小溪从西冲村南缓缓流过："川流难得是朝西，六道清泉遍町畦。细濑轻浮山影动，余霞斜映夕阳低。象占庶富夸丰蔀，秀发人文仰焕奎。灵异如斯诚罕见，堪舆应可测端倪。"

　　旧时从大田段、黄余源到西冲，即将进村可见山下有个残缺的牌坊，西冲人叫它"里牌坊"；到了村口，左边有个高大的孝节坊，又称"外牌

西冲 木商魂牵梦萦的水口

胡兆保

　　婺源西冲是一个木商荟萃的古村落。清代，西冲木商从村头水口出外经商，或业木江陵往返苗疆，或贸易岭南贾于粤东。西冲水口，蕴含着木商的憧憬和乡愁。

　　西冲村，位于婺源县西北部，距县城约20千米，90%以上的人口均为俞姓。婺源俞氏十八派，西冲俞氏俞文远一脉，原居婺源城南，称"县市派"。南宋景定五年（1264），蒙古国入都于燕，改朝换代。也即这一年，"县市派"十六世祖俞世崇从婺源城南迁居西谷，成为西谷（后改称西冲）的俞氏始祖。

　　相传，俞世崇迁西谷前，曾邀人一起辗转来到婺西北这个古木参天的山头上，几试罗盘，又登高远眺。此地山峦逶迤，前方左为金星，右为火星木星照，正脉远处是土星，且六水朝西、三峰拱北，气势磅礴，中间恰有一片平坦的山谷地，是建村的绝佳选址。于是，俞世崇决定在此建村，举家迁徙至此。因村基坐落在山谷平地上，取名西谷，后又因这里是思口一带途经龙山通往景德镇的要道，西谷扼守隘口，故改名西冲。

　　从高处遥看西冲，万绿丛中，村落民居的分布清晰地呈现出一个"品"字形状，新亭里是上方的"口"字，水井头与庄前则分别是另两个"口"。族谱称西冲卜基是"山取其罗围，水取其回曲，基取其磅礴，址取其荡平"。的确，西冲山川气象不凡，有诗云"翠绕南屏瑞色新，三峰插汉更嶙峋。层峦鼎峙疑朝斗，群壑星罗似拱辰。隐与恒山相对望，高连海岳远为邻。庄严气象

▲ 延村古民居（张银泉摄）

一切赌博"和"不许入村水口林搬枝摘叶"，倘敢违禁不遵，许即"禀县，以凭拿究，决不姑宽"。道光十二年（1832）五月《奉宪保婴》碑称：延村金桓、吴恒有、程启汉、汪子成等呈文说，"婺邑旧有溺女之风"，为了"就地倡捐保婴义举"，故而呼叩宪台批禀他们"邀集同人议立保婴义会，嗣遇贫家产生女子支给足钱三千文，以资其自为养瞻或助其择配，总以禁溺为怀，共戴好生之德"，以杜溺女婴陋习。

延村虽是个商贾辈出的村落，但村人也非常重视教育，如木商金嘉藻更是立下家规，凡金家子弟必须读书明礼。旧时，村中有"绍志""善诱""育美""博古""吉斋"等私塾。如今，村中还遗存有两处学馆，一为明代私塾，内有走马楼、书室、讲堂；另为"福仁书屋"，侧门进去为书堂，书堂正门外有一小花园，环境幽雅。延村清代曾有七品以上官员 10 人，文人雅士留下传世著作 17 部，这些都是馆塾教育之功。

走进新时代，延村正利用丰富的古宅资源和良好的山水人居环境，大力发展古宅民宿产业，建成了"福绥堂""明训堂""归去来兮""保鉴山房""正经堂"等一批古宅民宿，成为婺源县重要的古宅民宿聚集地之一，激活了古老商宅，带动了延村经济发展。

庆八年秋月，霁坪金益亮记。"霁坪为延村金氏二十世天志公，文昌阁为他独资兴建。民国三十二年（1943）一月，国民党第三战区副司令长官兼二十三集团军总司令唐式遵领兵进驻婺源，司令部设在延村。次年拆文昌阁改建六角亭，取唐式遵号重威，称"重威亭"。亭柱上悬挂嵌"重威"两字的联文："重任一身肩，足与南阳诸葛并；威名千载在，直疑西蜀子云来。"亭于"文化大革命"时期拆毁。2013年江西婺源旅游股份有限公司在旧址重建"文昌阁"，为两层六边形建筑。

关帝庙在文昌阁对面，尊奉关公大帝。关帝庙因其外墙饰朱红色，故又俗称"红庙"。庙宇建筑规模较大，庙堂前有院子。庙堂神座中间供奉关羽，两旁分别为关平（关羽之子）、周仓（关羽副将）。关帝庙"文化大革命"时期被毁，2013年江西婺源旅游股份有限公司原址重建。延村旧时每年正月十二日举办庙会，为关公大帝做生日，请法师在关帝庙中打醮一天，祈求关公大帝保佑村民平安、风调雨顺。整个过程分为：请神、奏星、谢神。重头戏是：请关帝神像下座，用轿子抬到村中巡游，吹吹打打，一路鼓乐相随；经过的人家，要在门口烧香纸、放鞭炮迎接，以示尊重；在村中游一圈后，再抬回关帝庙原位安放，由法师主持谢神，庙会当天结束。

延村水口外侧石板路旁还有两座石牌坊。牌坊均有用大小相同的长方形青石砌成高一米许的基座，从而显得更为巍峨壮观。两座坊一为节孝坊，一为孝女坊。

节孝坊是清道光十一年（1831）朝廷为旌表金湘浦公儿媳、金章之妻洪氏有容的节孝事迹而建的。洪有容27岁丧夫，矢志将年幼的孤儿抚养成人，其子后来娶妻生下四个儿子。道光七年（1827）地方将洪氏事迹上报申表，经县、府、道、部逐级申报朝廷，历时五年，至道光十一年（1831）洪氏54岁时朝廷方下旨由县拨银建坊，并于坊后设节孝祠。牌坊上有"圣旨"竖额和"节孝"横额，门洞眉额为"旌表故太学生金章之妻洪氏"。立柱上有两副对联，联文分别为："淑德冠乡邻琼闺垂范；贞心同铁石青史留芳"和"倚柱援琴，志矢柏舟标劲节；丸熊画荻，训贻彤管著贤声"，坊前有石狮两尊。

孝女坊是清道光二十四年（1844）朝廷为旌表金筠次女金红英终身未嫁，扶养幼弟成家的孝义事迹而建的。红英父母去世早，幼弟无依，遂矢志终身不嫁，

▲ 延村古宅小院（张银泉摄）

抚养幼弟长大成家立业，相依终生。孝义事迹逐级申报，五年后才获旨建坊。牌坊上端"圣旨"竖额下有"孝女坊"横额，门洞眉额为"旌表故庠生金筠之次女。"石柱上的两副对联的联文是："素志怀冰霜，全孝而成独行；此心如金石，抚孤以慰双亲"和"抱质无瑕，孝行争传惊下里；守贞不字，芳名永播达天庭"，两座牌坊可惜皆毁于"文化大革命"。

延村民居白墙黛瓦，飞檐戗角，辉映于青翠之间，整个古村落就是一座清代庄园。村内巷道没有一步台阶，街巷布局呈较规整的棋盘形，但为了克制正对首的火把山，村中有四条街巷做成"火"字形，并在"火"字头上打一口井，名为"镇宅井"，以求以水镇火。这口街边的水井有 500 多年历史，是村中唯一的饮水井。井口呈六边形，由六块厚实的燕尾青石板锲合而成，井内壁直径 1.14 米，深 7 米余。相传掘于明正德年间（1506—1521），重修于清道光甲午年（1834）冬月。村南的泗水之上架有两座桥，村头为两墩三孔的廊桥，称"儒林桥"，桥墩为青石砌成，有两米多高，方便行洪；桥上青石板铺地，建有廊亭，遮阳挡雨，方便村人纳凉。儒林桥下游一百多米处，还建有一座板凳桥，为六脚七板，宽约 1 米，长约 20 米，是村民通往对岸耕种的通道。两桥之间的邻村北岸建有两座长长的洗衣埠，方便村民下河洗涤。

延村人崇尚外出经商，是婺源徽商的一支重要力量，经营木业、茶业的活动足迹遍及苏、鄂、湘、赣、沪、粤等省。在民国版《婺源县志》中，延村列传的商家人物有很多，如：金大炘"行商饶州二十年，为名商代表"；太学生、花翎通奉大夫金銮"佐父经商沪、汉间，以茶业起家。习英语，为洋商所信服，遂为茶业领袖"；金国振"从父、兄行商海上，习英语，为茶商通事"；金大坤"业木金陵，为众推重。后改业茶，以诚信著"；太学生金瀚"侍父河南唐河县帮办防堵，奖五品蓝翎。父清风解组，使就商供菽水，信义服人。少年练达，领袖茶商"；金维城"初业茶义宁州，蜚英商界，嗣游幕闽南，晚经商屯溪，任茶栈职三十余年，群推忠厚长者"；金树焜"随兄经商浔、沪间，习英语，为茶业通事，群商倚如腹心"。这些服贾四方的商人们背井离乡，将本地资源丰富的木材、竹子、茶叶等运到山外去卖，渐渐发家致富。在积累大量财富之后，告老归乡，买田地建房子，以示光宗耀祖，并为后代经商发达铺路打基础。他们扩祠宇修家庙以敬宗睦族、造宅第建园林以安度晚年，同时还不惜巨资乐施公益，大力兴学立教、筑桥修路，有力促进了村落的繁荣发展。

延村商宅门楼均为石库门坊，水磨青砖、门罩翘角，似一个"商"字，马头墙户户相成、隔巷相对。雨天无需雨具，可穿堂串户，从村头走到村尾，而衣裳不湿，足见"群屋一体"的规模。村中全青石板路，平坦光洁，没有台阶，这是出于徽商的讲究，希望做人坦坦荡荡，做生意一帆风顺。屋内梁枋，大都施以浮雕或透雕，刻有各种花草树木、飞禽走兽、民间故事以及戏曲人物，图案形象逼真，栩栩如生。

延村民居建筑特点是四合院、浅天井、二层屋、石库门、马头墙，多为天井式格局。民居布局紧密，主要以天井采光通风。民居的基本单元都以天井为核心，四面或左右后三面围以楼房。天井多为狭长方形，阳光射入较少，但却应了"藏风聚气"的要求。正房即堂屋朝向天井，完全开敞，可以看见天日；屋面都向天井排水，称之为"四水归堂"。外围常耸起封火山墙，高出屋架，以防止火势蔓延。封火山墙的外墙以白灰粉刷，墙头则覆以青瓦两坡出檐，色彩明朗而素雅。

延村在清代鼎盛时期，全村有103幢宅居，如今随着岁月的变迁，仅保存下来"余庆堂""笃经堂""训经堂""聪听堂"等56幢古宅。

余庆堂由茶商金时秋建于清乾隆元年（1736）。前有小院，正屋大门为石库门，砖雕门罩精美；两进三间两层建筑，两侧厢房隔扇门木雕精美，内容寓意深刻。前后都有天井。后天井置有"镇宅缸"，用一整块的黄麻石凿成，缸内之水靠雨水蓄积，观水色可预知晴雨。后堂天井的护墙石，在下水道口处雕琢"麒麟"。

笃经堂为木商金大斯为三个儿子所建，建于清康熙年间（1662—1722）。三幢房子并排而建，按长幼，小房在外，二房居中，大房最内，房屋亦由外而内，层层拔高。三幢房屋由一条过道贯通，过道进口建有亭屋，可纳凉休息。厨房下水池由石板斗立砌成池圈，底面墁青石板，石板之下养有龟鳖，靠其来回爬动疏通下水道。

训经堂由在上海从商的金会山建于民国初年。大门门罩下的"坐斗"和"出榫"，改传统砖雕为木刻。其格局不同于徽派建筑，没有传统的天井，厅堂设置一道屏风门，门上镶有变色玻璃。楼梯设在后堂，改传统直梯为"之"形梯。楼上供奉祖宗牌位的"神橱"，并移置到后间。楼上右厢有小姐闺房、梳妆房。

聪听堂由木商金嘉藻建于清道光年间（1821—1850）。正屋大门为水磨青砖门面，门罩翘角飞檐，砖雕讲究，两进三开间，有前院。屋内木雕刻工细腻，人物形神兼备、鸟兽动态逼真、花卉情趣盎然，一派古色古香。其家族人丁兴旺，交往多有儒学大家，屋中存有清代散文家姚鼐的墨迹匾额。

延村百姓历来十分重视村落自然生态的保护，禁山护水，优化人居环境。至今，村内仍有一些当年禁碑遗存，主要有：清乾隆四十年（1775）演戏加禁伐木碑、嘉庆八年（1803）建水口文昌阁碑、嘉庆二十五年（1820）弭赌杜窃禁碑、道光十年（1830）保龙护宅示禁碑、道光十二年（1832）奉宪保婴碑、光绪二十七年（1901）加禁山林碑等。它们都是延村人重视生态保护的历史见证。

如：乾隆四十年（1775）七月《演戏加禁》碑，"严禁瓦瑶山杉、松、杂木柴薪，毋许内外人等入山砍伐并攀枝摘叶，犯者罚戏一台"。光绪辛丑年（1901）仲春月《勒石加禁》碑，则明确"上岭底山场长养杉、松、杂木，原为村荫起见，兹复演戏加禁，嗣后内外人等毋许入此来龙山伐木取土"，如敢故违"定行照章议罚"。嘉庆二十五年（1820）三月《弭赌杜窃禁碑》，是"婺源县正堂"批准延村金、吴、程、汪氏等一村老民的一则呈文，主要内容为：针对"村外水口山神庙"附近"赌博弊实"，有不法樵者"或向僻静之区席地而坐做宝跌钱，或入水口林内觑切做宝跌钱，即是酿赌之渐搬枝摘叶更开盗砍之端"，使之"奸盗诈伪，从此滋生"；因此，为弭赌杜窃叩赏给示勒禁，嗣后附近居民人等"毋许来到婺源的"龙坡"（今称里村）卜居建村。南宋初年，元翼公又因考虑到家族的繁衍与发展，来到距离龙坡约 2.5 千米的沣溪河畔，开基建村，初名"上万斛庄"（今上汾水），"自龙坡东迁沣水（今上汾水）居焉，今环沣水数十百家皆其子孙，是为沣水吕氏之祖……"（《沣溪吕氏举要世谱·宋故六十府君重修祠宇记》）。然后，由于人丁日渐昌炽，于是又继续向东发展，筹建沣溪外村即下万斛庄（今下汾水）。其谱云："我沣溪上里来龙发源于鄣山，逶迤磅礴百数十里。其间帐盖重重，仓库叠叠，阜而为山则如豹、如豸，融而为泽则如之、如元。回环映带，拱护朝迎，诚胜概也！二十世祖元翼公由龙坡始卜于兹，蠡斯衍庆。其东则希尹公房也。其西则希礼公，其南则希祥公，其北则希敏公、希儒公、希胜公、

▼ 远眺汾水（张银泉摄）

希昌公、希昌公，环聚而处，若连云马。而且花桥东镇，慎固西关，家庙馆第，盘困交映，规模盖宏远矣。生兹土者，能自振奋，克光前烈，则灵秀所钟又可意计量乎？"

随着时间的转移，村名也在不断地变化，先是万斛庄变成了沣溪，然后沣溪变成了沣水，最后沣水又变成了汾水。而从现有的资料来看，吕从谦应该是自婺源建县以来正式徙居婺源的吕姓第一人（之前因任职等原因来婺源暂居的吕氏忽略不计）。而且，无论是村落形制还是人口规模，汾水堪称婺源境内"吕氏大族"，邑内小沱、江坑、吕家、吕家村、延村、石壁吕、银台、戴村、山下、漳村、峡山、小岩前、下槎金家、小历崛、灵源山、田坞、江村和项源等村落的吕氏皆为直接或间接从汾水外迁。"江之左、江之右吕氏宗派大率由此发祥也！"（《沣溪吕氏举要世谱·龙坡基图引》）

整个汾水，群山环抱，水秀山清，曲巷清幽，古树葱郁。村内不仅有保存完

◀汾水古桥

（方跃明摄）

好的一段"婺乐（乐平）古道"，还有许多历史悠久的古碑、古亭、古树、古井与古桥，以及随处可见的明清建筑。而在上汾水村的正南方，有座郁郁葱葱的火把山，岁岁年年都给开门见山的汾水人送来无限的青葱与幽雅，于是汾水人便称它为"南山"或"朝山"。而上汾水村的北面，来龙山静静地安卧在村庄的背后，汾水人亲切地称它为"靠山"或者"北山"。自古以来，上汾水就有这么一句谚语："前有照，后有靠，只要安心去赶考，不怕状元娘子寻不到。"意思说，生活在这样山水极佳的地方，只要好好念书，一心向上，考个状元，娘子诰封"娘娘"还不是轻而易举的事情吗？自信之辞，溢于言表。而那些承载着诸多历史积淀的人文景观，在青山绿水的掩映下，共同构起了一幅流动的"清明上河图"，吸引了大批游人到这里驻足观赏，写生摄影，同时还获得了许多影视导演的青睐。《聊斋》《白狗秋千架》《乡村女教师》《孤军疑云》《集结号》《大瓷商》《大厨小兵》《青花》等影视作品，都曾先后在这里取景拍摄。

据《沣溪吕氏举要世谱》记载，吕氏世居河东，唐时有名称吕渭者，字君载，在浙西观察使李涵幕下为官。多年后，因得罪御史台而被贬为歙州司马。他携长子吕温赴歙州上任。若干年后，吕温娶当地向杲村程梦文公之女为妻，生下儿子吕适，后为唐石首县（今湖北省石首市）主簿，世称"主簿公"。明代歙县人吕濂在《吕氏统宗祠记》中说："至歙始祖为渭公，二世祖在温公，迁歙三世祖在适公。"明代婺源汾水人吕烈在《始祖吕侍郎祠记》中也说："公之子温，娶歙向杲程氏，生子石首县主簿适，依母党居，遂为歙人。适卒，依先祠葬罗汉寺前"。

由此传到宋代吕从谦这一代，因为吕氏和程氏等族裔人丁兴旺，日趋繁茂，因此向来安宁静谧的向杲村略显喧杂。为了寻找更好的栖居家园，吕从谦告别了自己的兄弟吕从政、吕从庆、吕从善等人，挈妇将雏，卜居到婺源龙坡（今许村镇汾水村委会里村），然后过渡到汾水发展。

《沣溪吕氏举要世谱》介绍，吕从谦，字谦齐，号龙坡居士，因爱婺源山水秀丽回环，居民鲜少，风俗淳厚，自歙州迁龙坡。与妻程氏一道含辛茹苦，以耕田为食，以读书为道，子孙繁衍，瓜瓞绵绵，渐成一方名族。自谦公而下，吕氏子孙皆能秉持"忠孝持家远，诗书处世长"的古训，敦和谦让，和睦乡邻，朝耕夜读，勤勉思进。后世子嗣中多有出类拔萃者，且显用于朝廷。如布政司理问衔加职府同知吕渊、光禄寺署丞吕成宪、考取进士却终身不仕的吕士达、延平路推官吕诚、原婺源州州判后授广威将军总管吕宗振、福建兴化府通判吕烈、湖广宝庆卫经历吕景文等，都是从谦公后裔。

"阳宅来龙原无异，居处须用宽平势。明堂须当容万马……或从山居或平原。前后有水环抱贵，左右有路亦如然。""更须水口收拾紧，不宜太迫成小器。星辰近案明堂宽，案近明堂非窄势。此言住基大局面，别有奇特分等第。"根据《沣溪吕氏举要世谱》的记载，古代汾水人就是按照这样的堪舆要求来规划设计村庄水口的。背后的靠山，有利于抵挡冬季北来的寒风；面朝流水，既能接纳夏日南来的风，又能享有灌溉、舟楫、养殖之利；朝阳之势，便于得到良好的日照；缓坡阶地，则可避免淹涝之灾；周围植被郁郁，既可涵养水源，保持水土，又能调节小气候，获得一些薪柴。因此古代汾水先贤们在开基时，就非常重视村庄水口的营建和培护。

一是重视水口"水"的经营。历代汾水先贤特别注重对溪水的改造。他们先让进村的那段溪流刻意转弯，以免直冲村庄，然后将流经村落的那一段溪流拓宽、拉直，最后又在出村之处堆石筑堨，抬高水位，降低流速。同时，又在汾水村南火把山（村之照山）的东、西、中三个部位和后坞、前山两个地方，分别开凿东头井、西头井、罗汉井和虹井、甘泉井。宗谱上记载，东头井、西头井、罗汉井、虹井、甘泉井一起，共同起到了平和火把山的功能，使整个村庄五行有序，阴阳调和。据传，自开基建村以来，整个上汾水村一直都很平安，从来没有发生过大的灾害。

如果从空中鸟瞰今日的汾水，上下汾水犹如两颗绿色明珠，镶嵌在许村镇的东北部。沣溪河宛若一根银线，把上汾水和下汾水串联在一起。群山环抱，绿海荡漾；古村秀美，相映成趣。景白公路穿村而过，与沣溪河相呼应，交缠黏结，仿佛二龙戏珠，为上下汾水增色添彩。

二是重视水口"林"的营造。注重水口树木的布局，有利于改善村落的环境及景观，形成"绿树村边合，青山郭外斜"和"全村同在画中居"的村落总体环境建构的特征，使水口成为村落园林，并具备防卫、界定、实用、象征、聚会、导向等功能。同时，"树养人丁水养财"的理念，也使得世代汾水人呵护水口林的行为更加自觉，以至汾水外沿至今仍被郁郁葱葱的树林所包围。每到夏季，汾水的气温都会比附近的中云、赋春低 2 到 3 摄氏度。

由于交通建设等原因，汾水的水口林比早年减少了许多，公路所经过的地方原来都是茂密葱郁的树林。如今，汾水水口还保存有几百年的红豆杉、桂花树、枫香树、香樟树和千斤吊等名贵树木。千斤吊，学名"毛果枳椇"，每年五、六月开花，九、十月结果，果柄膨大，肉质肥厚，果色呈淡红棕色至红棕色，味道平淡或稍甜。整个毛果枳椇，树根、树皮、树干中的液汁以及树叶都可以入药，其性状、功效在《唐本草》《本草拾遗》和《滇南本草图说》等药籍中均有记载。

三是重视对水口"桥"的营建。婺源"桥""轿"谐音，过桥好比过轿，坐于桥上如同轿中游。因此，吕氏子孙历代以来非常注重对桥的营造。他们不仅在村中的沣溪河上建有中和、仁和、义和、安和、福和、庆和、泰和等七座石板桥，而且分别在村头和村尾建了吕亭桥和沣溪桥，共同赋予了吕氏先贤寄希望于"玄生万物，九九归一"的美好愿望。

比如村头的吕亭桥，汾水的吕氏子孙就不曾一次地为之营造、修葺。因年代久远，具体修筑难以一一描绘，现引清代吕缉节《重建水口桥亭阁记》以证不虚：

上沣溪水口，两山环抱，如覆翼然。独缺其中，为徽饶孔道，络绎不绝。由东山之麓逶迤而来，架木南渡，不数十步，复矼而北。其下澄潭渊注，绿波涟漪。嘉靖庚申我祖釜山公伐石鸠工，联甃二桥，磊砢盘结，外桥尤巍峻坚致。桥上构亭四间，彩画之胜，巧夺天工。俯而窥之，石洞如门，杨泉公所赋"龙门春雨"者也。桥畔余地数十丈，复建堂殿高阁，栖神保障。

前制伟矣！历明及清，日就朽坏。雍正己酉我公支下佥议新之。桥之亭制仍旧，阁则仿前规而小异之。此沣溪之大观也。余于是益叹釜山公之贻谋者远矣。阁中前殿原奉关圣神。楼曰"凌霄"，则为龛以祀纯阳祖师。公之意，盖欲示子若孙，出则为忠臣义士，苟不得志，则逍遥自适而已矣。

若夫青竹万竿，相摩戛击；苍松如盖，虬龙千寻；梅棕森然，垂柯檐户。风雨之天，凭槛而望，林梢奏籁，铃铎皆鸣，又未必不为骚人游士之一助也。

时乾隆甲子仲春，裔孙绪节，承父老之命，记此以告后人。

此文作者吕绪节是清代汾水村人，写于乾隆甲子年（1744）。文章记述了汾水村人在雍正己酉年（1729）和嘉靖庚申年（1560）两次修造吕亭桥的经过。从中，我们也不难看出汾水吕氏对水口营造的良苦用心。无独有偶，元代婺源箬岭（今婺源县许村镇仁洪村）人程文也曾为汾水吕氏营造水口桥留下珍贵的遗墨。程文，字以文，元天历年间（1328—1330）因征辟入宦，先后任黄竹岭巡检、怀孟路教授，拜监察御史，授礼部员外郎。入祀婺源乡贤祠，著有《蚊雷小稿》《师意略》《黔南集》等。兹将程文写的《沣溪桥记》引证如下：

沣溪，出婺源西南山谷间，数百里会众流入于鄱阳。旧有桥，木为之，而覆以屋，内栖社神，故俗号"社公桥"，距州治六十里。并桥而居者数百家，皆吕氏之族也。溪旁长杨古柳，两岸映带；桥上崇轩曲槛，可以坐息凭望。东西行役至此者，必解鞍驰担，以休息其旅况焉。盖山川之佳处，道路之奇逢也。

循其始，至元间，吕氏芑田翁所更创。今六十年，木腐瓦败。芑田之从子桂轩君乃发财鸠工，易木为石。高二丈四尺，长三丈六尺，广逊长之二丈，尺如其数。新其屋，有四楹（按：集本载廿有四楹），仍栖社神其中，余悉仿旧制而加饰焉。材能工良，美耀一方；途歌里诵，播扬盈耳。

先是吕君尝为太平桥，又率其族党为渭川桥；其徒弟晋昭亦踵为磻溪桥，皆用石。在里中，唯沣溪桥勘胜功益大，人咸曰：吕君虑及久远，思惠

▲ 青山抱汾水（张银泉摄）　　▼ 小桥流水人家（张银泉摄）

道路，伐石为桥，积财能散，不勤有司，不忧后人，可谓仁者。仁者之为政也，爱博而施溥。使吕君令一县，牧一州，境内岂有病涉哉？而今之任州县者，未见如吕君，良可叹也。

余留京师，闻其事，会征予记。余家故近桥，数往来，喜见书之，以见是桥用石自吕君始，又以劝旁近之无桥者，闻吕氏之风有所兴起也。

吕君，名延珪，老于好义，集贤尝褒之曰"沣溪处士"；桂轩，其自号云。是役也，起于至正八年九月丙午，毕于十有二月甲子，木石之费凡为钱一千六百缗有奇。董其役者，君从子某也。

显然，沣溪桥不仅仅是古代汾水村一道沟通南北的桥梁，更是村庄营造水口的一个重要节点。

沣溪桥始建于南宋，元、明、清三代都曾修葺过。现在所看到的沣溪桥，是明代官至光禄寺署丞吕成宪个人捐资兴建的。文章中的苣田翁和吕桂轩是父子关系，都是汾水村人，他们主动散发家财，召集工匠，为家乡无私奉献。

四是重视水口"祠庙阁塔"的组合。梳爬有限的断简残篇，发现古代汾水人不仅在村庄水口的构造上注重溪水的流向和速度、树木的选择和培护、桥梁的设计与布局，而且非常重视文昌阁、文笔塔、祠堂、社公庙、土地庙、汪帝庙、五显庙等这些建筑的组合。他们将五显庙、关帝庙、土地庙、汪帝庙、文昌阁等神庙建在村庄的上水口，将杨令公庙、作述祠、凝秀亭、松云塔等建在村庄的下水口，还将万子庵、观音阁、圣言精舍、丛桂山房和丽泽山房等别墅、私塾分别建在环绕汾水村周围的佛台山、土坪山、高楼山、正龙山等处。这些布局都是古代汾水人智慧的结晶。据世居汾水的吕崇高老人介绍，位于汾水下水口的丰溪桥南面的杨令公庙常年香火不断，而桥对面的汾水小学是在原来吕氏宗祠的基础上修建的。可惜在后来的战乱中屡遭破坏，最后在"文化大革命"中被彻底拆毁。明代右都御史兼工部尚书、婺源桃溪人潘鉴曾为吕氏宗祠写下《作述堂记》，从中可一窥当年作述堂的建造与宏大规模：

余舅氏沣溪子器翁、内侄伯深辈，初择东里之中，鼎建家庙，为堂五间。堂之上设三龛，以栖木主。由堂而下，为廊为庭，凡六间。余题其额曰"作述"，盖深嘉舅氏父子之志有成也。

近千年来，吕氏人丁兴旺，氏族蕃盛，除外迁他乡的众多分支外，上汾水和下汾水也随着时光的流转而不断发展壮大，成为新安名族。汾水历史上如吕宗伯祠、孝友祠、吕氏宗祠、太中祠、翼典祠、作述祠等建筑，既是曾经的真实存在，也是吕氏后人崇拜的图腾、心中的愿景，具有强大的凝聚力。汾水吕氏一族也历来重视教育，据不完全统计，从宋至清，汾水村拥有大小书院、私塾12家，累计走出进士2人，举人12人，国学生16人，岁贡生23人，郡庠生、登仕郎各2人，军功六品4人。其中较突出的有南宋淳祐四年（1244）甲辰科进士吕士达，元至正十一年（1351）辛卯科进士吕诚，明代官至光禄寺署丞的吕成宪和兴化府通判的吕烈，以及原官婺源州州判后授广威将军总管的吕宗振、绍兴卫三江千户的吕仲由、湖广宝庆卫千户的吕景文和官至浙江海门卫桃渚千户的吕仲元等。吕氏族人也多著书立说者：村人吕诚著有《信是编》《四书参解》和《诗经评注》；吕默著有《周礼礼记旁解》《长吉囊》；吕钰著有《春秋会要》《自怡集》；吕珍著有《诗经解义》4卷、《丽泽山房诗集》2卷；吕咣著有《诗古文集》；吕启祥著有《伴耕草堂吟稿》等。其中，吕珍所著的《诗经解义》4卷被收录《四库全书》。如此人才辈出，实不负吕氏先祖在《沣溪吕氏举要世谱》中对自家村基的赞美：

万斛基图秀，双龙发脉清。天池开坦荡，介字更分明。
松雪封箬岭，宗庙顶金星。前对书台案，后铺玉印坪。
北溪相拱映，南涧尚朝迎。雨水如金带，群山列锦屏。
宅龙势高耸，居址局宽宏。八景标名胜，三眉俨画成。
群峰罗水口，九曲转回潆。地回文昌阁，境连仁寿亭。
千秋承祖泽，历世显科名。宗伯流芳远，钟祥借地灵。

游山 山列形胜 有凤来游 洪玄发

　　游山又称大游山，横亘于婺源与景德镇之间。据民国二十年（1931）《董氏家乘》之《凤游养生记》中记载："婺西，距邑百二十里，有山曰凤游，形势巍峨，列为屏障，高三百一十仞，山之巅，有静隐寺。……悬崖下有乳泉，从石罅中出，涓涓不息，又名之曰潴源。"相传唐天宝年间，尚有彩凤东游此地，由此而山得名凤游，后演变为凤游村。

▼ 游山全景（任春才摄）

▲ 村口古亭（张银泉摄）　　▲ 儒林桥（张银泉摄）

　　多年前，听董氏后裔、家住杨家坞的仍光老先生说过，游山村水口生得好，北有凤凰尖、金光山、四姑岭等为靠背，南有狮形林、上车龙为屏风。众山林涧中，有九条溪流汇入穿村而过的浚源河中，素有"九龙下海"之称。村居沿河两侧修建，清澈的浚源河呈太极图阴阳鱼形绕村淌过。青山碧水相映，古建倒映清溪，溪上横卧小板桥数座，溪中，数座水埭流水翻腾白浪。上游有"锡皮笃埭""甑箕笃埭"，下游有"上水碓埭""中水碓埭""马形埭""旺林坦埭""燕尾埭"。溪边，石埠浣衣者和风雨路廊坐凳上的憩人，笑谈着家长里短，一派小桥流水人家的闲逸，绘就一幅深山水乡的美丽画卷。有"凤游赤壁、龙岩圣泉、八仙下棋、九龙聚会、儒林雅趣、危楼高插、太安仙洞、鸡峰曙色、文笔捍门、清溪鱼泳"十景。村中河上的石桥有"儒林桥"和"题柱桥"，村外有"中间水碓桥""庆远桥""环溪桥""茂林桥"，皆始建于明清，历经数百年，风姿依旧。其中九龙庙附近的"庆远桥"有风雨廊亭，台阶两边有上马石。村头的"函谷亭""瞻云亭"，飞檐戗角，气势轩昂。

　　古时，游山村"S"形河街有个美丽的故事。浚源河原先流淌村后山边而过。董姓枝繁叶茂，到明代时，已是远近闻名的"千烟之村"。村中出了个家拥百万的董姓裔孙，为人厚道，乐善好施。回乡时见村人用水不方便，于是出巨资开挖河道，将村后山边小河之水，引入村中。后来，村民沿河两岸建起房屋，形成今天的繁荣景象。据村中退休教师董盛光说，当年挖掘河道时，得到凤游山上"静隐寺"一位王崇二祖师的指点。河道在村中来回这么一拐，如同一个活灵活现的道家"太极图"。游山村口有"三关"，第一关是摇旗擂鼓（即北有旗形山、南有鼓形山）；第二关是飞凤走马（即北有凤形山、南有马形山）；第三关是狮象把门（即北有象形山、南有狮形山）。此外，村东有文笔山，南有旺林、九甲石林、马鞍诸山，西有凤游山，北还有大尖山。

村内古街四通八达，浚源河沿河两侧街巷为主街巷，八甲巷、保和巷、节妇巷、嘉会巷、下街等支街巷通往河岸主街巷进出村落。

婺源建县之时，析休宁县回玉乡和乐平县怀金乡而设，先隶歙州后属徽州。但婺源西南乡原为乐平之地，为饶州传统风俗，故游山村建筑既有徽风又有饶韵。村内传统建筑风貌除具有徽州"四水归堂"的特点外，大多为三层，天井的两个排水孔与上堂的一个排水孔都是石刻钱模，甚至一些民居大梁木雕也有双钱图案。村中八家坦门前还有两个用石块嵌成的铜钱图案，名曰"双钱过街"。

游山村始建于北宋太平兴国年间（976—984），奉董万洪为始祖，由董万洪次子董知仁从江西省银城县海川（今德兴市海口镇）迁入，故游山董氏宗族子弟都是董知仁的后裔。

董氏宗族勤于修谱，先后纂修九次，现存民国《董氏家乘》，可惜仅存二十五卷（墓图卷失落）。宗族分支派衍，聚居游山村者计有八派，各为竹林派、儒林派、溪北派、黄荆派、前街派、后街派、街上派、店背何家墩派等。此外，还有迁徙到梅田村的田内派和迁往镇头王封村的王封湖天井派。族规家法规定，宗族成员之间喜则相庆，急则相救，疾病相问，死葬相恤，困难相济。所以，民国十六年（1927），婺源县公署赠送游山董氏宗族"士民敦厚"匾额。

民国时期，董氏宗族共有祠堂23座，但现存规模最大、建造最精、装饰最美的是总祠嘉会堂。在游山村流传着这么一个故事：游山村小塘正坞一村妇，养了一只母鸡，她每天早上都摸到母鸡有蛋要下，但当她下午去鸡埘捡鸡蛋时却无蛋可捡，到处找连蛋影也没见到。可有一天，妇人见母鸡带着一窝小鸡回来了。她感到很奇怪，就跟踪母鸡去向，发现母鸡带着小鸡到了烂泥湾的苦竹林中。于是她向董氏宗族的长辈报告了此事，说烂泥湾苦竹林是块好地方。后经宗族集体讨论，认为此处是块"宝地"，就砍掉苦竹林，于清乾隆乙巳年（1785），由支丁董希俊、董希济（十五世）牵头建造了董氏宗祠。

"丁口星繁，每值茶市登场，往来之人肩摩趾错，如入五都之衢……"（《董氏家谱》）新中国成立前游山村董氏宗族子弟"弃儒业贾"，多以小本起家，且大都经营茶叶贸易，生意最兴时共有 18 家茶号。董仍光家就开有 3 家茶号，分别是董三益茶号、乾生茶号、三益国记茶号，号主均为董国华。茶号经营得好，一个茶号的年利润可达一万光洋。据董先生介绍，他曾祖父生三子，他父亲和叔伯兄弟共有 18 人，当时家里共锅吃饭的达 60 余人，他家在游山村有田 400 余亩，曾出资建了一座书院、一座石桥，还修筑了一条 5 千米长的石板路。此外，游山村还有一家更大的茶号——利亨茶号，主人是曾当过河南许昌

▲ 题柱桥（张银泉摄）

▼ 游山古巷（任春才摄）

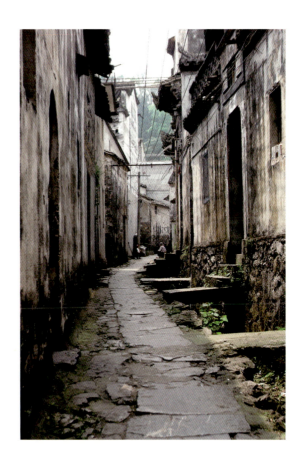

县（今许昌市建安区）县长的董理和。每个茶号有掌号一人（一般为本地董姓支丁），有师傅和帮工几十人，茶号对师傅供膳食，而择茶的妇女不供饭，一般回家吃或带饭上工。

游山村茶号用来精制的茶叶，几乎是购自婺源各地。而主要还是从嶰崌山（距游山村 20 千米）购买。采用布袋装，再请人（一般是自带游山本村的脚夫）挑到游山。毛茶经过加工，再进行分类。据董仍光回忆，一个茶号一年生产近千箱茶。茶箱用杉木打制而成［茶箱板材及箬叶皆从嶰崌山购买，请游山当地的木匠打制，漆匠为江西丰城人，皮纸有时从太白镇玉坦村购买，但好的皮纸要从浙江省建德县（今建德市）采购］，呈正方体，里面用锡皮、皮纸糊严，装进茶叶后，外面先用箬叶包裹一层，再用篾片编成箱套，才可运输。运输主要靠人工（游山当地的脚夫）挑到乐平车皮坦，路程约 15 千米。一般一个脚夫（当地叫"挑扁担"）一担只能挑两只茶箱，一天一趟，工钱为一块大洋。茶箱在乐平车皮坦上船，经乐安江到鄱阳湖，再换大船运到九江。九江的茶栈接应后，搭载轮船最后运到上海的婺源汪裕泰茶栈。茶栈会请通使（即专做茶叶贸易生意的翻译）联系外国人来看茶叶，然后出口。

村口有一座九龙庙，内供关帝、汪帝、观音菩萨、彭王大帝（唐末黄巢起义，彭畲率兄弟族人为保境安民而战死。宋开庆己未年间，重庆受围，两军交锋，忽空中现大旗曰"婺源彭王畲"，而重庆得解，主帅李遇龙上其功于朝，加封为"王"，建有"彭王畲庙"）、十八罗汉等神像，逢时节都有进香者。尤其是每年正月十五日，村人还要抬关帝、汪帝出庙看灯。

"山列形胜，有凤来游"。对于每一个走进游山村的人，历史上的村庄水口如同谜一般的存在，至今吸引人们的目光。

附：

凤游来龙基图说

知仁公迁，非苟然也。来龙远不及述，近由浇岭来咽，飞腾蟠旋突起。董公历南岭、黄坛，大开天池，两边重叠拱获，顿结木星跌断，特从凤游山，壁立千

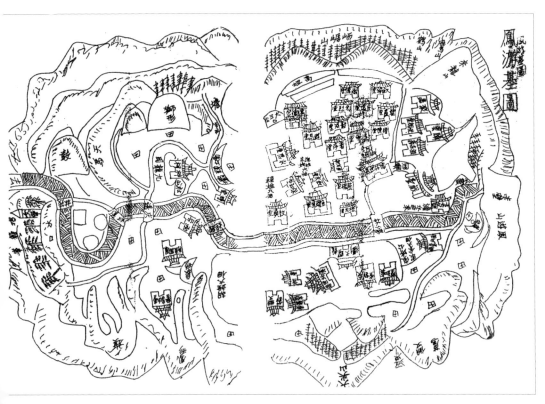

《董氏家乘》中凤游村基图

仞，乃为赦文星。自是降势至关山，分支劈脉；右则西走乐平，左则逆流东上，起伏迢递到头，结成南极星，博换土山落下开局，是为溪南居址；其溪北住基，又自董公山经南岭，横列金水帐盖立，大尖山落下平洋，结成倒地木星入首。我董氏聚族于斯，人家夹处两岸，浚溪环绕其中，峰峦交接，势如八仙下棋，狮象旗鼓重卜包络于内，鸡笼文峰簇卜环拱于外，水出口五里许，与脉镇水合流，南向西转竟至西湾，乃远缠我里。是以地气完聚，自宋迄今，人文财赋亦称婺西望族，皆我祖知仁公卜迁力也。后之食德服畴者，毋忘所自。

潘村 芳溪遗胜景

汪稳生

　　婺源城乡有一句流传很广的俗语："江湾祠堂汪口埠，方村牌楼太白塔"，太白塔在太白，儿时就知道，但只是听大人说得神乎其神，没有去看过。究竟塔是什么样子的，只能是在想象中。

　　近些年来，为了传播婺源徽州文化，对太白塔的探究提到了日程，于是笔者曾多次前往太白，才弄清了方位。太白塔在太白潘村，潘村是潘氏村落，村民说与中云龙山那边的坑头村能扯上一点关系。查《婺源地名志》，太白潘村是唐广明元年（880），歙县篁墩潘姓建村；坑头潘氏是宋咸平—乾兴年间（998—1022），歙县篁墩潘逢辰建村，似乎是属两支潘姓。经翻阅《桃溪潘氏宗谱》《新安名族志》，原来太白潘村也是坑头潘逢辰支，为第七世祖潘俨迁芳溪，时在北宋末年。潘村古称芳溪，名族志记七世"潘叔仪迁此"，谱记潘俨始迁，名字有差别，还是应以谱上为准。民国版《婺源县志·建置·学校》所记："太白精舍在太白潘村，由潘世辂、潘世铭及族人建。置办义田百余亩，赈族贫，以资来学""芳溪义学在南乡三十四都，即潘村，由潘梦庚、潘常采、潘常栈、潘大镛等创建。太白潘姓合族捐输田租，岁贴束脩考费。"潘村还有百子庵："芳溪潘文彬、潘文相于万历年间建，国朝同治裔孙重造。"综上所记载，潘村古称芳溪无疑。

　　潘村坐南朝北，依山傍水，一溪河水向东流，称"九龙下海"。村后山不是很高，但颇有特色，村前的山叫塔山（因塔而名），隔河水约10来米，水也深。横槎水发源于县内甲路东北部

▲ 潘村全景（汪立浪摄）

的金牛尖，南流经严田、甲路、横槎、中云方村、太白潘村、荷岸汇入乐安河，自然水系有利于村里的木业运输。

过去，潘村步行靠一条青石古道。往左去太白、德兴铜矿方向，另有一条石板路上山顶，山巅就是太白塔，还有云峰庵。往右途经相邻的村子，是去中云方向的。村前的山上林木葱郁，就是潘村的水口林。

到潘村实地访问，才知道这个村子文化底蕴深厚，民间有许多传说故事，还有名声在外的太白塔，以及著名的围墙。

潘村村人代代相传，说是村里出了三个"百万"，是三兄弟，老大为村里修了太白塔，老二修了村围墙，老三在河道铺青石板，出发点都是想做造福子孙的好事。不承想，老三在河道铺青石板，船家的撑篙落在青石板上打滑，不利于行船，引来一片骂声，好事办成了坏事，若干年后拆除了，现在遗迹难觅。老二建的围墙，传说东南西北四个城门建得气派，不料被人举报有谋反之意，村人吓得一身冷汗。朝廷派人来调查此事，官差刚到太白潘村，突然下起雨来，便到村头的一个亭里躲雨。彼时，亭里已坐一位老者，约有六七十岁。官差便向老者打听亭名，告知为"西门亭"。此时又有人进亭躲雨，其中有一位十八九岁的年轻女子，老者见了赶快起身让座。官差见状问老者，你老人家为何见一年轻女子也如此谦让呢？老者答道，我不是对她躬谦，是她肚里的孩子辈分比我高，我必须礼让。官差大吃一惊，心想，这样的"礼仪之邦"，何来造反迹象？雨停，官差就直接掉头回去复命了。其实，潘村人已将东、南、北三个城门改建为城墙，西门则改成亭子，让行人遮风避雨。

传说毕竟是传说，与真实存在还是有一定距离的。为考证太白潘村故事，笔者先后五次到村里调研，访问知情者，寻找相关资料，翻阅光绪版《婺源县志》，终于一点点地揭开潘村太白塔、围墙的面纱。

太白塔是水口建筑。《婺源县志·建置·寺观》记载："在太白潘村水口山巅右有文峰塔，潘巽泉等建，下有养生潭"。文笔式样的塔身在婺源乡村有很多，古人认为文笔塔有旺文启智的寓意及功用。

太白塔始建于明代嘉靖至万历年间，原来建在离潘村约一里地的小山坳处，

▶潘村围墙（汪稳生摄）

是圆塔，因用的是红砖，所以村人又称为红塔。红塔遭雷击倒塌后，清代又改建在村子对面山巅上，用青砖砌成。塔身呈八面形，高七层，每层檐角都挂有风铃，内壁镶嵌有砖雕佛像。塔底层面积约 50 平方米，供奉 40 多尊佛像。底层高3 米，以上逐层递减，塔身高约 17 米。离塔不远处有块平地，建有庵堂——文峰庵。庵内供有：如来佛祖、四大金刚、十八罗汉。太白塔和文峰庵在当地和周围地区颇有影响，香火不断。村人有事相求，总是到这两处祭拜，方圆百里，颇有名气。1967 年，太白塔在"文化大革命"中被拆除，塔身的砖用来建了太白中学和小学。

笔者曾采访孙兆铎先生。他说，太白塔的独到之处，是在一层地面左右各设置了一块一米见方的青石板。不知道的人以为是让香客跪拜的定位石，但实际上是它利用回声还原出钟鼓声。只要用力踏上一脚，左边那块是咚咚咚的鼓声，右边一块则发出当当当的钟声。这微妙的钟鼓声增加了祭祀的神秘感，也引来了无数香客的好奇和探秘者。

太白塔一直被潘村人视为"文笔"，肇兴文运。《婺源县志》载：明代万历年间，潘村有七品以上官员三人，分别是陕西布政司都事潘文忠、南京刑部员外郎潘文渊、户部员外郎潘文柏。清代光绪年间有中书潘璘、贵州普安厅通判潘茂简。清末村里还出了个医家叫潘登云，著有《痘科全书》。

文峰塔的遗址依在，有建塔碑记。碑身虽在"文化大革命"时被敲成碎片，但依稀还可看到一些不甚连贯的文字。

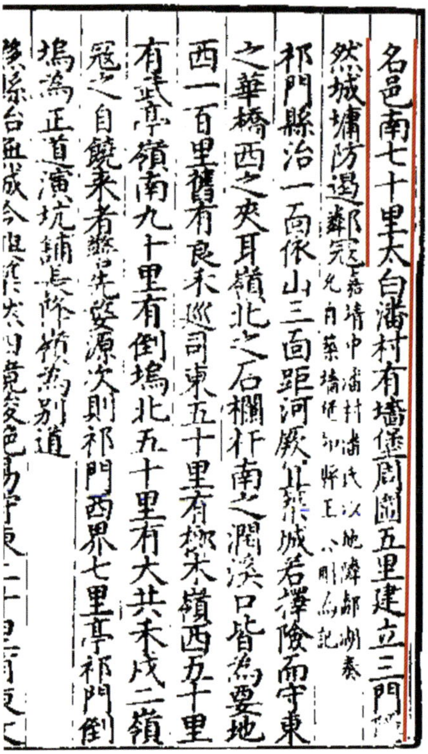

名邑南七十里太白潘村有墙堡周圍五里建立三門

然城墉防遏鄱寇 嘉靖中潘村潘氏以地隣鄱湖奏允自築墻堡知縣王□刪為記

祁門縣治一面依山三面距河厥負其城若憚險而守東

之華橋西之夾耳嶺北之石欄杆南之潤溪口皆為要地

西一百里舊有良禾巡司東五十里有櫸木嶺西五十里

有武亭嶺南九十里有倒塢北五十里有大共禾戍二嶺

冦之自饒來者先婺源次則祁門西界七里亭祁門倒

塢為正道滴坑鋪長怀嶺為別道

▲ 史料记载：大白潘村有墙堡（汪稳生摄）

潘　藻　字本誠太白芳溪人由貢生授光祿寺署正性倜

儻廣交遊尤揮霍不惜宗祠火於兵藻捐二百金

倡建支祠亦被燬思圖復造晨夕勞心籌畫就緒督工

運材冒雨遘疾臨終囑其子繼志襄成輸金補闕他如

婺源縣志 卷四十 人物十一 義行六

橋渡保嬰諸善舉靡不先

輸倡率子三俱列成均

吳榮輝　字履和旆峯人從九銜性孝友慷慨仗義祠宇頽

圮倡首修葺捐三百金後火於兵慨然獨任重建

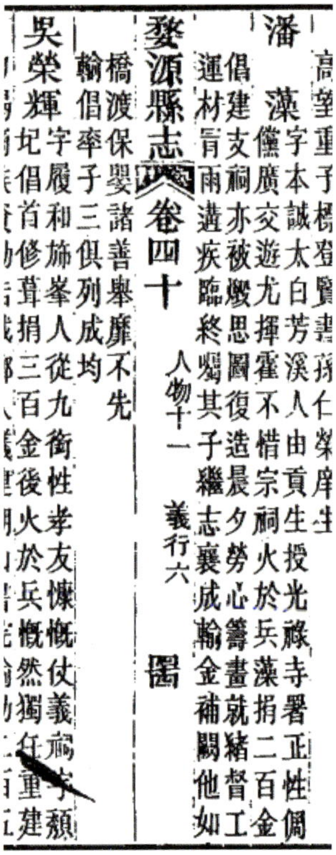

▲《婺源县志》所记人物：潘藻（汪稳生摄）

潘村围墙，按地方志所记，周围有五里长，高一丈，在乡村也算是个了不起的建筑了。去老围墙原址查看，墙基还在，上面一段墙体虽然重新砌过，但一些老式的青砖上面依然可见“潘村围墙”“潘氏围墙”“潘村堡墙”等字样，而大部分墙砖几十年前就被用来盖了村供销社、小学、中学和大队俱乐部。如今，墙体基本无存。

民国版《婺源县志》记载：“太白围墙——在邑南太白潘村。以（已）接近鄱阳，屡被寇害。嘉靖间，里人潘福远、潘怡奏请，谕代巡孙公、郡守李公催筑围墙，周五里许，开三门，立规保障地方。邑尹萝鹤王公撰碑。清嘉庆甲戌年（1814）夏，洪水冲倒数十丈，旋修。光绪戊寅年（1878）夏，冲倒百余丈，复修好。壬午年（1882）五月，水较戊寅年（1878）高五尺，自东南抵北皆毁，是冬修好。"围墙自明嘉靖乙丑年（1565）建成后，至今已有 460 年历史。婺源县村落建围墙的，只有太白潘村，因此有"围墙第一村"之称。

建围墙所用的青砖，是就地取土烧制的。笔者在潘村访问时发现了一块石碑，上刻"合村取用土硃在此"。该碑约 1 米长，0.5 米宽，落款是丁酉年。村党支部书记说，潘村烧砖瓦窑的历史悠久，为了不与农耕争地，破坏生态环境，村民商议，指定取土的山沟，并立碑告示，要求任何人不得违反。

潘村村内还有两个祠堂，一大一小。大的宗祠——潘氏宗祠叫"思本堂"，约建于明代中期。《新安名族志》载："十七世曰福宁，号芳溪，散财明饥，乡民推戴，惊孝友，置义田，建祠崇祀，新安卫使刘公扁书其堂'思本堂'，广东副使杨公马为之记。"祠堂面积很大，光立柱就有 108 根，足见建构之宏阔。祠堂内原有一祭祀用的香炉，重达 880 斤，据说该香炉在 20 世纪 60 年代中期，已运往县城。

翻阅民国版《婺源县志》，潘村有多人在"义行篇"有记。潘有积：国学生，中书衔，喜读书，念父兄胼胝之劳，不能竟读习为商贾。会族提议首建宗祠，族人多踊跃输将，推积董其事，五年工竣。更议修谱，历二载而成。潘藻：宗祠火于兵，倡议建宗祠，输金二百金。营业苏汇的潘有章：家裕后于嘉庆十五年（1810）为母请旌建坊，翌年，村里建总祠，捐三百金。潘廷柱：为村里造舟济渡施茶解讼活到 84 岁，有 4 个儿子，6 个孙子，曾孙 8 人，元孙 13 人，五世同堂。经商在外的潘大贯：太白芳溪人，慷慨好施，曾于太白河岸独力创建石桥，挥银二千八百余两，罄家所有以厥工。后洪水而圮，复造木桥以济行人。经商江右，家道益丰，于德邑马岭建亭设茗。又于太白大河设渡小河成桥，行旅均赖以济，其义闻彰著远近。

历经社会的变迁，岁月的更迭，潘村村容村貌发生了很大的变化。如今的潘村，110 户，360 多人。虽然村中一些古建已不复存在，但今天的潘村交通却便利了，一条"四好"公路从村旁经过，村中各项公用基础设施日趋完备。

村民都有一个共同的愿望，那就是复建太白塔，使之成为太白潘村地标建筑。

段莘 千年古村现平湖

汪发林

婺源东北边陲与安徽休宁交界，群山起伏，沟壑纵横，风光奇绝。五龙山镇守一方，"高大岩险，尽日烟云"，为县内第二高峰。四周绵延的小山宛若诸侯朝圣般匍匐在主峰"座下"，状如五龙聚首，广袤达数十里。

段莘村就位于五龙山南面的山间盆地里。东面的天井山和阆山，南面的鸡冠尖，西面的霞坑尖，连成一道环形山脊线，把段莘盆地大致围成葫芦状。其北面则是莘源河的上游，可以上溯到罗坑口、石山头、金村、王村、腾坑、官坑、裔村、西垣等村落，它们与段莘串联在一起，休戚相关，命运与共，在千百年岁月推移中演绎世俗的风云故事。

段莘古称"莘原"，是以汪姓为主的一组村落群，包括小源庄、段莘、塝材湾、洋边、仰田等大小村落。它们都依傍在莘源

▼段莘水库（任春才摄）

河两岸，隔河相望，彼此呼应。莘源河从仰田进入段莘后，呈弧状从东边山脚绕过，把段莘绕成一个半圆形的"半岛"，千烟凑集，鳞次栉比；然后又从水口流出，经过东岸、西岸、龙尾，在港口与溪头武溪水汇合；再经过上坦、下坦、下晓起、湖村、龙湖坦、洪村、程村，在汪口与江湾水汇合，成为婺源星江水系最重要的两大源流之一。

　　段莘到底建村于哪个朝代，现在已经很难考证。南唐升元二年（938），刘津作为都制置使，巡辖婺源、浮梁、德兴、祁门四县。他带领关西一千五百多名兵士来婺源镇守，边剿灭残余土匪，边开荒种地。当年军民屯田的地方，主要集中在"五溪"，也就是武溪香田、思溪大田、潋溪车田、浮溪言田、古溪丰田。在婺源，凡是村落以"田"来命名的，都是当年军民屯田种粮的地方，比如杨田、梅田、长田、罗田、冲田、仰田等。段莘作为军民垦荒屯田地之一，当年就已经有了村落规模。唐代广明年间，桂岩戴氏有一支迁居仰田河对岸的土岗，随后又有方、严、余等姓陆续迁入，人口逐渐繁衍。

　　据乾隆四十年（1775）《汪氏通宗世谱》记载，段莘作为汪氏的主要聚居地，肇始于明初洪武年间，而姓氏则源出大畈浯村。"中元公九传至'安善先生'钦，迁阪西浯村，世系源流备载浯村支图。钦三子，次曰洽，生琳及琮。琮五传淑璋，卓有远志，乡邑举为中平司橼，由浯村迁段莘花桥头。生子原奖，行第垣一，四子十一孙，曾孙三十二人，分三十二大房。子姓蕃衍，食指万计。甲第蝉联，衣冠继起，盖未易屈指数也。垂绅正笏、坐论朝端、辅弼圣君、霖雨苍生者代有其人。支丁之繁，仕宦之盛，甲于新安，诚不愧为望族矣。"

　　元代至正年间，红巾军起义，大举南下。婺源乡村鸡犬不宁，荒凉凋敝。汪仲鲁很为父老乡亲担忧，与胞弟汪同一起召集乡村青壮年组成义军，保卫家乡。至正二十年（1360）秋，汪同受命带兵参加鄱阳湖争夺战，结果战败，只好退往苏州。明军怀疑汪同叛变，就把汪仲鲁一家大小软禁在金陵作为人质。没过多久，得知汪同已被张士诚所害，这才把汪仲鲁一家释放了。

　　时逢乱世，作为汪仲鲁侄子又担任中平寨"司橼"的汪崇德，举家迁往花桥头（现属休宁县板桥乡）避难。洪武元年（1368）六月，长子汪原奖出生。但汪崇德一直被仇家所构陷，官司缠身，甚至把官司打到京师。他在花桥头已经无法容身，只好易名"淑璋"，云游四方；最后又改名"清"，隐居在南京六合一个叫"盘石"的偏僻地方。

洪武十四年（1381）汪崇德殁于京师都门，汪原奖时年14岁。他少年丧父，孑然独立，挑起家庭生活的重担。他侍奉母亲

▲ 段莘村原址（张银泉摄）

胡氏极为孝谨，而且理家节俭，莅事勤勉，与世无争，却与汪师保交谊深厚。在汪师保的举荐下，洪武二十九年（1396），汪原奖终于携家迁居段莘，成为段莘汪氏始祖。汪原奖生有四子：添海、澜海、泗海、法海；又有贤孙十一人、曾孙三十二人，然后发展为段莘汪氏三十二大房。

关于段莘汪氏始祖汪原奖，乾隆四十年《汪氏通宗世谱》有《原奖公传》，对其生平事迹记述颇详："原奖，字元甫，行垣一，淑璋公子。生洪武戊申（洪武元年，1368）六月廿九日巳时。识量洪厚，忠实无华。父殁京后，挺特自立。娶庆源詹太售碧源公女讳美娘，内助之贤，家成业立……地师汪师保为扦吉址于段莘，洪武丙子（洪武二十九年，1396）始居之。已卯（建文元年，1399）居母忧，丧祭以礼。……公卒永乐丙申（永乐十四年，1416）十一月初五日巳时。"

段莘确实是块"风水宝地"，汪原奖的后裔子孙在这里如鱼得水，如虎添翼，"子姓云仍，冠裳济美"。到了明代万历年间，以汪应蛟为首，一大批汪氏俊彦通过科举拔擢脱颖而出，他们或以政绩或以学识扬名天下。如：汪应蛟，万历二年（1574）进士，历官都察院右佥都御史，户部尚书加太子少保，卒谥"清简"，累赠太子太傅；汪得时，万历十六年（1588）举人，江西袁州府知府，兴利除害，善政备举；汪尚谊，万历二十三年（1595）进士，由刑部湖广清吏司郎中调湖广长沙府知府，升任河南布政使司参政督粮道，历任广西按察使司按察使；汪

熙化，万历二十五年（1597）举人，训诲子弟，必以忠恕谨厚为鹄；汪元兆，崇祯七年（1634）进士，历任山阴县知县，刑部主事，兵部郎中，嘉兴府知府。

▲ 段莘村原貌

清代康熙至乾隆年间，段莘汪氏发展达到第二个高峰。这一时期的科举人物有：汪作楫，雍正二年（1724）进士，任松江府教授，端士习，正文体，训饬有方；汪元璜，乾隆十八年（1753）举人，拣选知县，著有《易经解》诸书存于家。这一时期，段莘汪氏最值得称道的人物还是汪绂（1692—1759），名烜，字灿人，号双池，系明末户部尚书汪应蛟的玄孙。但显赫的门庭，在历经几代递衰之后，到汪绂出生时，家境已经相当贫寒。家里无钱供汪绂上学，全靠母亲江氏为他授读《大学》《中庸》《论语》《孟子》等经典古籍。他没有上过一天学，却终生以教书为业。汪绂一生著述宏富，其中有《理学逢源》《医林纂要探源》等 30 部共 195 卷入选《四库全书》。当时学者评论说："生朱子之乡，志朱子之志，以发明朱子之学而无歉乎朱子者，则双池先生是也。"曾国藩读汪绂遗著后，称赞他是"朱子后一人无疑"。

嘉庆至道光年间，段莘发展为"千烟之村"，为婺源"四大名村"之一。清末民初，段莘闻名乡里的建筑有汪氏宗祠"崇义堂"，汪氏支祠集义堂、崇礼堂、文信堂、务本堂、启祥堂、宝善堂等；官第有三世尚书第、都宪第、文宗第、父子进士第、大观察第、郡大夫第等；坊表有外台总宪坊、节烈坊等；庵堂有总持庵、双桂庵、净土庵、葆秀庵等。其中段莘汪氏宗祠"崇义堂"，建筑形制十分雄伟，还流传着许多神奇的传说。段莘汪氏祭祀先祖，定于每年的正月十八日，祭祀规模宏大，场面热闹非凡。而祭祖所用的猪则提前两到三年轮流派户专养，看谁家养的猪最大。"段莘十八，全靠猪大"这句民间谚语至今脍炙人口。

徽州是理学之邦，朱子文化深入徽州人的日常生活，甚至植入了他们的精神血脉。因为深受朱子文化影响，徽州人在营建村落时都特别重视水口文化建设，讲究"藏风聚气，关钥村局"，段莘人也不例外。呈葫芦状的段莘村，其水口也是气势不凡，闻名州县。

段莘水口分为"上水口"和"下水口"。上水口在仰田村头，西边的山包"猪嬷形"，山势陡峭，东边的戴家岗地势平缓，二者之间是一道长约百米的石堰，叫"养田堨"。它们共同构成段莘村的"葫芦颈"。大河长流滔滔而来，在石堰的斜坡上奔泻而下，激起层层浪花，颇为壮观。而从"养田堨"向南引出的水渠，不但浇灌附近一带的良田，也是段莘村人重要的生活水源。

此外，段莘风水形胜还有"东有沙陀，西有槐花，南有白玉带，北有七星墩"的传说被人们津津乐道。其中的"南有白玉带"，据说石壁上有石英一如玉带，以及传说中的"观音脚印"，且村东至村南水口河水潺潺，风光秀美。

广义上的段莘水口，指的是从段莘南边的"下水口"，从村尾至东岸村头，长约6千米。东面的阆山与西面的江岭山对峙，数百丈高的悬崖峭壁，夹出深切而蜿蜒的大峡谷。春夏之交梅雨时节，一道道大水如白练一般从悬崖峭壁上飞泻而下，形成壮观的瀑布群，此起彼伏的轰鸣声响彻峡谷。

狭义上的段莘"下水口"，从段莘村尾至汪溪水出口与段莘水汇合处，长约1.5千米。这是真正意义上的段莘水口，作为徽州水口必备的建筑设施也主要集中在这一地段。两边的巨石凹凸奇崛，对峙而立，构成"狮象把门"的严密格局。夹在巨石下的深渊、水潭、浅池，连缀成串，仿佛是大自然洒落在这片奇异山水之间的翡翠串珠。

段莘汪氏自明初洪武年间迁居以来，在进行村居建设的同时，也进行水口设施建设，并接续扩建，逐步完善。七层塔、文昌阁、汪帝庙、社庙、观音庙、五猖庙、茶亭等，作为水口必备的公共设施和祭祀神坛，在段莘水口一应俱全。在水口东面的金鼓山上，还建有一座葆秀庵，既是登高望远、饱览风光的好去处，也是文人学士品茶吟诗的聚会地。而先后在营造水口上用心用力者众多，他们中就有布政司理问汪巨班、国学生汪昭傅等等，数不胜数。

段莘汪氏先人还仿照王羲之当年在会稽山下的兰亭胜会，在水口建有"曲水流觞"。汪双池先生 12 岁时，时常陪伴父亲枢北公汪士极在这里游玩。后来他重游"曲水"并作记，谓："人当澡炼性情，乃见山水真趣。否则眼前好景培塿，蹴之矣。"双池先生的母亲江太孺人也曾在"曲水"流连忘返，她对身边的人说："恨不居此，三间茅屋，十年读书。"

段莘水口十里石板路和石磴道，是段莘通往外界的最重要通道。段莘人进县城、秋口人去五城，来来往往之间，段莘水口都是必经之路。通过水口"曲水"，段莘人与龙尾江氏、溪头程氏、上坦孙氏、鸿川洪氏、汪口俞氏等世家大族联姻就成为"主流"，比如双池先生的母亲江氏和妻子江氏都是龙尾女儿，至今仍被龙尾人引以为傲。

段莘盆地呈葫芦形，段莘水口又"生"得太"紧扎"了，因而具备建造大型水库的天然优越条件。1969 年，港口电站一级站（即段莘水库大坝）正式开工建设，而段莘村六千多人则根据政府安排拆屋搬家，迁往全县各地。从此，"千烟之村"段莘彻底淹没在渺渺碧水之下，闻名郡邑的段莘水口，也就形迹无存，欲觅无踪。

段莘移民搬迁时，关于双池先生的预言十分流行。他曾经预言段莘村是"三百年前小苏杭，三百年后水洋洋"，又说"千年葫芦终过颈，五百年后复莘原"。当段莘盆地真被建成水库时，人们对双池先生的"先知先觉"佩服得五体投地。

双池先生的坟墓就在段莘水库东面的"洋边"，通往金村的公路从先生坟墓背后通过。当水库蓄水达到最高水位时，他的坟墓仍比最高水位线要高出两三丈，根本不存在任何"水患"之忧。传说这个墓址是双池先生自己选定的，他的"先见之明"，由此可见一斑。

段莘水口，毕竟在婺源历史上是一个真实的存在。如果把段莘水库那一湖浩渺的碧水比作显影液，那么水下淹藏着的就是段莘水口的底片。

庆源
翠园深处淡烟笼
汪发林

庆源，位于婺源北部段莘乡境内，是个以詹姓为主的徽州古村落，素有"深山小桃源"的美称，故又简称"小源"。她处在一条南北走向的深长山谷中，东边的"观音合掌"主峰抱合着"圆镜山"，西边的"天外来龙"主脉下天生一座"玉屏岭"，对庆源形成东西夹峙的态势，古人称其"神龙西至挂屏岭，合掌观音坐镜台"。

如果从空中鸟瞰整个庆源村，她就像是一艘巨船，静泊在深山峡谷中。船身依"屏"对"镜"，船头船尾则是狭窄的隘口，称为庆源的"上水口"和"下水口"，而村头有着1200余年树龄、高达30余米、需三四人才可合抱的古老银杏树，似乎就是这艘巨船的"桅杆"。

庆源是婺源詹氏"三源"（庐源、庆源、浙源）之一。据乾隆五十年《庆源詹氏宗谱》记载，婺源詹氏之先祖，原系河间人，后迁南阳。东晋大兴年间渡江而南，散处各邑。至隋时，有五十一世詹初（字元载，号黄隐）定居于婺北庐源，为婺源詹氏始祖，后裔尊称"黄隐公"。唐代广德年间，詹初的玄孙詹盛，又自段莘排泥墩迁居庆源，成为庆源的詹氏开基祖。到明代，庆源詹氏已繁衍成大姓，赫然列于"新安名族"。

其实，詹盛（小八公）的后代，在庆源繁衍并不昌盛，于是庆源詹姓又分为两个派系，即"老詹"和"新詹"。老詹为小八公的直系后裔，而新詹的祖上姓夏，从江岭头村过继给庆源姑母

▲ 鸟瞰庆源（张银泉摄）

家做儿子，遂改姓詹，"本为夏姓号新詹"，此人即詹季渊（辉二公）。除詹姓外，庆源还有十个少数姓氏——"徐何方祝叶，朱杨李宋江"。

或许是庆源人秉承了始迁祖詹盛"不慕仕进"的传统，庆源村千百年间在科举上一直不怎么兴盛，仅出过两名进士：文进士詹养沉、武进士詹天表。詹天表（1601—1645），谱名辉，字子光，号醉隐。崇祯六年（1633）中应天乡试武举，崇祯八年（1635）御览武进士，特授湖广清镇守府，兼署清浪军参将，都指挥使。詹养沉（1628—1688），字无几，号心渊。顺治十四年（1657）中举，顺治十六年（1659）

▶ 村中银杏树（张银泉摄）

成进士，选授内秘书院检讨。康熙二年（1663）以才望推顺天乡试考试官，因会题错讹而被革职回乡。

据民国版《婺源县志》记载，庆源人步入仕途在外做官的也不是很多，出任七品以上的文武官员仅有8人。其中，詹轸光于明万历七年（1579）中举后，过南京访道学于耿天台，与耿合撰《天关证学录》；万历二十六年（1598）摄亳州教谕，又转北雍学正；后擢饶州丞，补授宝庆郡守，再知广西平乐府。为官清廉，革除积弊，但终因厌浮名辞官归，著书以自见，有《阳春别墅录》《青隐山书》《蓟门草》《白门草》《浮海寓言》《会讲百八箴》《自讲百八箴》《垩儿稗语》《逃禅剩语》《狂夫之言》等书行于世。

而庆源隐居乡里潜心攻读、赋诗挥毫以自娱者较多，民国版《婺源县志》载：明代里人詹鉴，筑"松岩书屋"于圆镜山之麓，郡侯彭公（徽州知府彭泽）为之书匾。明代又有詹伯麒，入山临摹二王遗墨，十年攻苦，克肖其神，诗亦进于王、孟之间，与海阳詹东图齐名，时称"新安二詹"，著有《楚游草》《啸园

▼ 庆源进村古道（张银泉摄）

诗集》行世。清代詹问石所建"隐园"、詹坤正所建"阳春别墅"、詹行仲所建"无蝇阁"等，皆为读书讲学之所。清代詹天宠精于绘画，尤擅花卉；书法则仿朱熹，见者皆惊叹；阴阳、星纬、术数之书，无不精晓。詹烈，平生博览群书，诗、古文词，援笔立就，著有《兰畹诗存》。另有在外设馆授徒的詹浩，工诗文、书画，馆于休宁黎阳镇数载，著有《双梧诗草》《画家渲染笔谈》等。

庆源历史上还出过两位詹元相。前詹元相（1487—1566），字吉甫，号苍坡，以廪膳生考中嘉靖四年（1525）乡试举人，初授山东禹城教谕，升任清流县尹，补任浦台、永安、南和知县，历任多有政声。后詹元相（1670—1726），字翊元，号畏斋，邑增生。他不过是一位落魄的乡村秀才，随手记下的《畏斋日记》，却成为当今史学界研究清代社会经济的原始材料。

到了民国时期，庆源村出了两位"照相器材大王"——詹福熙和詹励吾，一下子把庆源的声名推到巅峰。詹福熙，光绪十三年（1887）出生。青年时在上海日商"千代洋行"担任买办，经销照相器材。"八一三"淞沪抗战爆发，他出于爱国热忱，积极投入抵制日货运动，毅然脱离千代洋行。自己在上海南京东路山东路口创设"华昌照相材料行"，经营美国柯达、英国伊尔福、德国爱克发等各种照相材料和器材。他惨淡经营，业务发展迅猛，相继在成都、重庆、金华、宁波、长沙等大中城市设立分行。

詹励吾，1902年生于庆源，1982年病逝于美国，是20世纪三四十年代江南颇负盛名的经营照相器材商家。他最初在上海华昌照相材料行（即在詹福熙手下）当"学生"、做会计，因与詹福熙在性格、经营理念上分歧日重，终至无法融合，遂"另立门户"。1933年转至汉口创办了"汉口华昌照相材料行"（后改名"万昌商行"），并在长沙、昆明、贵阳、成都、重庆等地设立分行，生意红火，遍及江南，且发展到缅甸和东南亚一带。后来，除经营照相材料外，还兼营棉纱、钢铁、瓷器、黄金和汽车贸易，并在香港开设分公司。其最辉煌的时期是在20世纪40年代通过云南滇缅公路进行紧缺物资贩运，获得巨额利润。

庆源的水口也分为"上水口"和"下水口"。发源于项山天舍的桃溪，流经梧村后进入庆源，而进村的青石板古道也是沿着溪涧蜿蜒前行。这里两山相对夹

▲ 庆源村景（任春才摄）

　　峙，涧水激湍奔泻，"蝉噪林愈静，鸟鸣山更幽"。昔日，庆源人在这里建有水碓磨房，春声咚咚，人影熙熙，但现在它们的基址已经淹没在荒草之中。

　　村口的"别有天"古亭，本名永济亭，是进入庆源的"门户"。此亭粉墙黛瓦，门额上题有"桃源深处"四字。亭内存有清代光绪年间的匾额铭文，曰："余里居万山之巅，群峰拱抱，幽谷深渊。东开圆镜之奇，西列方屏之美。土地肥沃，民风淳朴。自唐于兹千二百余载，水不通舟，戎马绝迹，真隐者之居也，

别号'武陵源'。是亭题为'桃源深处'，追思古人命名之义，乃冀世代相传，秉承先达遗风，永葆武陵景色。"亭内现留存有清代道光年间惠智和尚所作绝句一首："翠园深处淡烟笼，古木森森一径通。流水小桥花细落，行人笑指武陵中。"其联文为"山重水复疑无路，柳暗花明又一村。"

沿桃溪而行，就真正走进了庆源村的"桃源深处"。村头那千年银杏，摇身变作"迎客松"，热情欢迎每一位到来的村人和游客。穿村而过的桃溪，缓缓地弯曲着绕行，潺潺湲湲，颇有八卦图阵的味道。新旧民居整齐有序地排列在小河两岸，每隔一段路就筑有石阶下到溪埠，供村民浣衣洗菜。河上建有19座平板石桥，大桥小桥均以巨块石板架设。沿河岸而延伸的石板路上，还建有十余座木构凉亭，供行人和村民歇脚、纳凉、聊天、下棋，在不经意间呈现"世外桃源"的安乐祥和。

詹福熙故居"福绥堂"就在村中心地段的河西岸，屋前设有过溪桥、下水埠。屋分正堂与偏屋。正堂（即福绥堂）建于1929年，正统徽派结构，屋基朝向为倚"屏"（屏风降）对"镜"（圆镜山），水磨青砖石库门，屋前有庭院，院内植有罗汉松一株。偏屋为"学馆"，乃读书、待客之所，建于1943年，屋前亦有庭院，院内植有方竹、月桂、紫薇，并建有方形石砌鱼塘一口。偏屋外形设计独特，带有明显的西洋风格，外墙和内堂的石雕、砖雕、木雕繁复精美。

再沿溪岸前行约300米，就是詹励吾故居"敬慎堂"。东临桃溪的三间两厢老屋系詹励吾祖居屋，詹励吾祖父建造，再由詹励吾出资大修后加建后堂作为阳楼。南、西、北三面"围屋"为詹励吾所建。而"敬慎堂"实指西边靠山脚的部分，也是相对独立的突出部分。"敬慎堂"外观是西洋式格局，屋内仿南京总统府结构，建筑形制颇似北京四合院。青砖勾缝，墙内设有通水道，因而墙体厚度是普通砖墙的两至三倍。庭院内有面积约100平方米的花园，并设有东、南、西、北楼，以走马楼为中心，楼楼互通，各楼均有前、后堂。人物山水的木刻、石刻随处可见，工艺精湛。此建筑是詹励吾为其母亲六十五岁寿庆而专门建造，并于面墙上砖雕了由108个不同篆体"寿"字所组成的"百寿图"。面墙右下角嵌有用汉白玉制作的"慈荫永存"碑，碑文曰："中华民国三十三年，吾母洪孺人年已六十有五，旦夕辛勤。赞建此屋时，子远客昆明。遥寄兹石奠基，俾世世子孙永念慈荫。詹励吾谨志。"

桃溪穿村而过之后，在清溪的尽头就是庆源的"下水口"。它包括福庆桥、嘉会桥、毓秀桥、穿鱼桥四部分，长约1千米。这里山环水绕，景色清幽。东边的山包如"象鼻"，西边的山岗似"睡狮"，一左一右斜对着，形成"狮象把门"的格局，具备了徽州水口的典型要素。

从庆源村沿着溪岸平坦的石板路走向水口，看到的第一座桥就是"福庆桥"，明代成化年间由里人詹仁携其胞弟詹义、詹礼、詹柔、詹正同建，天顺元年（1457）进士、户部福建司主事程广题记。这是一座石拱桥，桥上建有风雨廊亭。新中国成立前，廊亭一楼供奉五猖菩萨和土地菩萨，二楼供奉杨令公和"三尊大佛"，因此村人又把福庆桥称作"上庙"。2012 年，福庆桥上的廊亭完全倒毁，重建后的廊亭虽然保持了原有样貌，但没有供奉任何神像。

第二座桥为"嘉会桥"（也叫"下庙"），由村里好义者共建。桥头原建有关帝庙，但庙内没有关公的神像。桥上原架有双层廊亭，亭四门的门头上分别题有"半空浮壁""翠映银屏""空谷传声""祥云出岫"等字样。可惜此桥的廊亭毁于"文化大革命"时期的一场意外火灾，仅剩下石拱桥了。现今桥身长满了藤蔓，颇有"荒草萋萋"的况味。

第三座桥为"毓秀桥"，建桥年代不可考，是庆源通往珊厚、湖山的必经之路。它桥身短，桥面平，本来就很不引人注目。现今在桥上又加建了一座两层的凉亭，八角飞檐，这就使得原桥被"遮蔽"得更加"隐形"了。

第四座桥是"穿鱼桥"，建桥年代亦不可考。此桥构建规模颇为宏大，但做工却很是粗糙马虎。最奇怪的是，石桥的另一头就是山崖峭壁，根本无路可通！既然无路可通，那些桥的功用又在哪呢？民间传说，此桥涉及"新詹"与"老詹"的宗族纷争。至于水口林、毓秀桥、鱼形山的营造和建设，各有各的传说，在庆源民间流传也很广。毕竟是民间传说，很难去探究个中的真伪。

千年古村庆源，是中国传统村落、江西省历史文化名村，也是婺源最早发展乡村旅游的古村落之一，声名远播。每当春暖花开的时候，庆村村内游人如织，热闹非凡。他们从"别有天"古亭走进庆源，在游览詹养沉故居"太史第"、民国时期"照相器材大王"詹福熙故居"福绥堂"、民国巨商詹励吾故居"敬慎堂"等一处处颇具徽州特色的传统建筑之后，往往都会"顺脚"走到庆源水口，感受那里的山水风光，并饶有趣味地聆听当地导游讲述庆源水口景观的许多传说故事，亦真亦幻。它们和庆源的其他传说糅杂在一起，使庆源本身也变得亦真亦幻，趣味盎然。

官坑 历久弥新的水口

吕富来

一

位于段莘乡北部的官坑村，唐德宗建中四年（783），洪经纶与其子全游由黄石（今湖北黄石市）迁此隐居。洪经纶历官至谏议大夫、河北黜陟使、宣歙观察使，村民们尊其大官出身，而以官名地，是为官源村，寄望子孙后代像观察使洪经纶一样，加官进爵，精忠报国。后改村名为官坑，沿用至今。

官坑，明清时期属婺北浙源乡嘉福里十一都，现为段莘乡所辖。走进官坑村，村口一条呈"Y"形的河流呈现在人们眼前，两条清澈见底的河流（桃溪河、觉水河）从村中穿过，把偌大一个村庄分为三大块，汇聚后的河水流入段莘高山平湖。整个村庄，被四周的原始森林团团包围着，形成一个小盆地，显得平静而安逸。村庄沿河有两条青石板铺就的古道，一条通往本县浙源乡，一条直通安徽省休宁、黄山。古道两旁古木参天，山泉随处可见，构成一幅山水画卷图。

二

"故家乔木识楩楠，水口浓郁写蔚蓝。更著红亭供眺听，行人错认百花潭。"清代方西畴笔下这首《新安竹枝词》，勾勒出了婺源村庄水口林的经典景观。水口是古徽州村居的公用水系，在水流出入处广植树木，并修桥、建堤、造亭，有的还建有文昌阁、魁星楼、观音阁、关帝殿等文化景观。

▼ 官坑全景（张银泉摄）

婺源古人建村讲究"来龙""水口"。"来龙"即是村庄背靠的大山，故称后龙山。后龙山上全是禁山、封山，讲究的是林木青翠。"水口"即指水流的入口和出口。水口的理想地形是山环水抱，追求的是佳木葱茏。

水口景观，是婺源传统村落的寻常生态，在官坑村也体现得淋漓尽致。

历史上，官坑村是婺源"千烟村落"之一，有洪、汪、宋、黎、叶、程、吴等姓氏居住。青山环抱的官坑村，觉水和桃溪穿村而过，在庙基处合二为一，流经"官印石"，浸润"官帽石"，经过登云石拱桥，再经村口的石拱桥，后与西垣裔村河流汇成段莘水，流过"网红三眼桥"——永济桥，汇入段莘高山平湖。

"树养人丁水养财。"除了"Y"形河流滋养百姓，官坑村后龙山郁郁葱葱，荫庇百姓，栗、松、樟、桂、杉等古树数不胜数，蔚为大观。村庄山林很多，有樟、檀、松、杉、桂、枫等树种，适合各种动物栖息繁衍。村头巷尾，山麻雀、杜鹃、画眉、黄莺、翠鸟等随处可见；周边山林还有野猪、豪猪、地猪、山羊、狗熊、野兔、狐狸、山鹿出没，人与自然和谐共生。

"古时建立村庄之际，乃依堪舆家之言，择最吉星缠之下而筑之，谓可永世和顺也。"（《朱子语类》）确实如此，古时官坑村极为重视对水口的营造。水口建筑群中，常见在两山夹峙的溪流上架桥，使之不仅"关锁水口"，而且"通利要津"。同时，官坑村建有多座石亭：朱和亭、下坳亭、七里亭、荫亭杵亭（无存）；另有八角亭、兴义阁、亭楼、觉祠菴，可惜后来全部无存。还建有五显庙三处：觉岭脚（无存）、官源岭脚（无存）、冷水坑口（重建）。建有洪氏宗祠、汪氏宗祠、洪中宪祠等。

为了"关锁水口"和"通利要津"，官坑村建有石拱桥多座：一眼桥（无存）、三眼桥、拜思桥、官源岭脚桥、韩村桥、猖杵桥、觉岭脚桥、荫亭杵桥、胡大桥（无存）、下坳亭前桥、垄咀桥、鲤鱼田桥。值得一提的是，官坑村有座保存完好的八十桥，为过去某老妪八十大寿的祝寿礼金所建，做工考究，精细缜密。老妪"不做寿、建石桥"传为美谈。

据《婺源交通桥》记载，官坑村水口登云石拱桥为三孔，全长41米，宽5.5米，高6米，建于明末清初。相传，村中有位汪姓外出经商，赚钱百万，绰号

"汪百万"，家财由小女汪青云掌管。一年，官坑村洪水猛涨，有村人、小孩在洪水中丧生，青云立誓独资造桥。后人感恩其功德，将桥取名为"登云桥"。官坑村还建有缓水石碣多座：竖石碣、扁石碣、烟房碣、添丁碣、石壁碣、庙基碣、牛屎谭碣、社公庙碣、八十桥碣（无存）、黄蛇捉鸽碣、桃树坑口碣，等等。

据了解，官坑建村始祖洪经纶曾留作"官源八景"：官谷耕耘、寒谭钓月、勒马东回、金鱼西峙、垄北书堂、溪南花洞、石门关隘、新桥济水。一派诗意盎然，令人心驰神往。

长期以来，一代代官坑村民对周边环境的一山一水，甚至一草一木，都视为水口乃至村居环境的构成部分，悉心加以保护和培育。不仅水口林不允许砍伐，甚至溪河两岸也只允许植树造林，不准随意砍伐一草一木。在官坑风俗中，无论是建村、筑屋，还是生人、生日、成人、结婚，甚至亡人、扫墓等，都有植树纪念的传统做法，留下了"杀猪封山""生子植树""封河禁渔"等村规民约。对于破坏水口林的村民，村里有逐出家族的惩罚条约。得益于前人的生态保护，官坑

▼登云桥（张银泉摄）

村山、水、桥、树、村的布局，形成了小桥、流水、人家的格调，田园风光，如诗如画。在这里，人工环境与自然环境浑然天成，人们在充分认识自然的同时，改造利用自然，融入装点自然，保持人与自然之间的和谐、协调，以求"天人合一"的意境。

三

"草木植成，国之富也。"受益于山水滋养、生态滋润，官坑村物产丰富：苦竹坑云雾茶、来龙山杂木花香茶、汪后山杂木花香茶，野茶漫山遍野；毛竹笋、金竹笋、苦竹笋、拜竹笋、水竹笋；鸡心栗、板栗、茅栗；石鸡、石斑鱼、乌龟。还有各种名贵药材：紫丹参、野山参、大活血、小活血、骨碎补、淡竹叶、威灵仙、青木香、白术、苍术、牛膝、八角莲、七叶一枝花、狗头三七（土三七）、鱼腥草，等等。

一方水土养育一方人。历史上，从官坑村走出了洪垣（监察御史）、汪怀德（巡京御史）、汪之斌（超勇将军）、洪兆芳（名医）、汪松泰（举人）、洪械（知县）、汪拔元（国子生）、汪有邦（贡生）、洪奇达（五品衔）等社会名流，以及大批儒林人物，正是"地灵人杰"的真实写照。

"一山一寺一菩提。"婺源寺观多建于村落周边的山坞之中。官坑村青莲庵原是桃溪河起源尽头的一座数百年的庙宇，傍山而建，构筑宏伟，雕梁画栋。青莲庵有副名联：坐青莲对青莲，庵取青莲，一片青莲呈奇妙；左紫竹右紫竹，身穿紫竹，几根紫竹结情缘。据说这副对联对仗工整，情景吻合，是寓意深远的千古佳作，出自于段莘乡东山村一带颇有名声的墨客，当时主持此庵和尚妙缘之名也被嵌入联尾，令人啧啧称奇。

四

岁月不居，时节如流。

在历史长河中，官坑村一直秉持着静谧而深沉的个性。时至今日，走进官坑村，但见这个千年古村炊烟袅袅、溪水潺潺，古巷、古屋、古道保存完好，村民

▲ 官坑古桥（胡红平摄）

种菜、养猪、喂鸡，日出而作、日落而归，宛若世外桃源。

官坑村常年云雾缭绕、空气湿润，独特的地理、气候、土壤和生态环境孕育了优质茶叶，一直是婺源名优茶的主产地之一。

官坑村有条黎家巷，为黎氏聚居处，至今保存完好。婺源历史上的"黎乾升"茶号，肇始于康熙五十四年（1715）。2018年，婺源正稀茗茶有限公司在官坑村开始恢复这一老茶号，全面推行茶园秋挖和茶叶有机化生产行动，做足绿色文章，让300多户村民在茶旅融合发展中受益。

<h2 style="text-align:center">五</h2>

绿水青山就是金山银山。官坑村优质的生态环境、深厚的人文底蕴和丰富的茶叶资源，就是一种财富。这里村落肌理保存完整，民风淳朴、山清水秀、气候宜人，也是理想的避暑胜地。

目前，官坑村茶旅小镇集康养休闲、生态观光、文化体验于一体的乡村旅游综合体已初见雏形。

千年官坑，历久弥新。

溪头 山川气聚的水口

程剑峰

位于婺源县东北部的溪头乡武溪水沿岸，坐落着山水相连的上、下溪村。古时程姓先民择居溪水源头，故称溪源，居上游为上溪村，居下游即是下溪村了。

上溪村水口

上溪村位于下溪村之北 1.5 千米处。据《溪源程氏本宗续谱》记载，下溪村由唐工部尚书程湘后人——程护，由婺源秋口长径分迁，宋初建村，初建于下溪浆坑源，程护孙程张生儿子程势、程携，程势迁上溪，程携迁浆坑源之东、武溪之旁，即今下溪村所在。

上溪村有着独特的村落结构和山水形势，堪称研究徽州村落风水的范本。而上溪村龙脉在《新安上溪源程氏乡局记》中有明确记载："江东正脉发源，阆山山峰落脉，乾亥龙入手"。

▼ 上溪村全景（张银泉摄）

上溪村的村落形态在留存的民间文献中，被喻为"渔翁撒网"形，指村中横竖交叉的巷道，犹如一张铺开的渔网。石仓大河屈曲如玉带，环拱村落大半周，盘旋而出，至水口处则洲分二水，呈回澜夹镜之象。它就如一张巨网，罩住村落的财气与文脉。先民还沿溪串珠似的凿了大小 20 多个鱼塘，寓意渔网的网脚，且沿溪的菜地忌插南瓜藤架，以免碰破"渔网"。可惜的是，后来很多鱼塘都被填塞，做了屋基和菜地。

自迁居以来，上溪村的先人对村落"枕山、环水、面屏"的格局十分重视。上溪的屏山，名"瀛山屏"，又称作"日月山"。此山有洞，于是在洞中造有社公庙。后来社庙搬走，万历元年（1573）起，上溪村每人丁出工一个，出米一筒（一斤半），将此山洞填塞，终使"瀛山屏"达成了村民心中对向山的理想追求。

上溪村先民还在村落上游筑石坝，抬升水位，设置水闸，开凿水圳近千米，引石仓圳水入村；在村中凿筑方池与月池（亦称"上池"与"下池"），为村民解决消防、生活用水，亦可调节村落气温。历经多年的努力，全村形成较完整的水系，这一水系迄今数百年基本完好保留，仍在发挥作用。

上溪村的水口所在之处，村人称为"环拱坦"。"环拱坦"地势较为开阔，村民在"环拱坦"营建水口建筑。上溪程氏最早建社坛是在社屋溪，明成化八年（1472）徙建于水口环拱坦，称崇溪上社，便是上溪村水口上很早的"关镇"。在明清时的徽州，除祖先神之外，社神在人们的生活中占有重要位置，因此，在农耕时代，社事又赋予人们极大的精神寄托。

"环拱坦"除了社房外，尚建有钟秀殿、灵晖阁、关帝庙、周王庙。最值得说道的是始建于乾隆丁丑年（1757）的文昌阁，此阁与廊桥——"灵毓桥"合于一体，村人叫它"桥杠"。文昌阁气势雄伟，建筑精致。其底层高一丈五尺三寸，上层高一丈零二寸，顶层高九尺；冲霄顶柱取用巨大的樟木，约一米直径，长近三丈；阁顶用锡灌葫芦顶，高两尺二寸。建文昌阁的木工是安徽旌德的名匠，光用工就达 2587 个。可惜桥杠和众多神庙都毁于"文化大革命"，让人无比叹息！

"灵毓桥"似腰带束住去水，桥头尚建有"观音阁"，奉千手千眼观音圣像。《新安上溪源程氏乡局记》对"观音阁"的两次修建均有记载："康熙三十八年己卯，应炯、士登、士恺、士鼎于水口亭之后，依山造观音阁，崇奉千手千眼观音圣像，其像系僧古水往南省募化，本村迁居江宁铜作坊讳时阳公捐货装塑，船载而来者。因其徒先已塑准提圣像，亦塑千手千眼观音坐莲像，供奉于庙，名准提阁，本族立会，以祀古水。另于石仓募化造庙，历年未久，庙遭回禄，而圣像完全，庄严如故，应炯等感激虔切，不忍有神无庙，特集同志乐输于水口亭后，构阁安奉，其左右神像、阁座、门窗以及厨屋，皆应炯独力完成。"

不难想象上溪水口曾经有过的宏伟气势，而这种气势，徽人称之为"乡局"。《新安上溪源程氏乡局记》开篇即言："山川气聚而成局，人居局内而成乡，是人赖乡局以奠安也。然其中形势之偏全，气化之盛衰，人事之得失，得其人而维持调护之，始可钟地灵而致人杰，是乡局全赖人以培助也。"为此，上溪村在《乡局记规》中对村落水口林、引水补基的水圳、搭桥所需的"桥林"、水口庙宇等的保护与维护都做了详细规约：

▲ 上溪村育鲲池碑

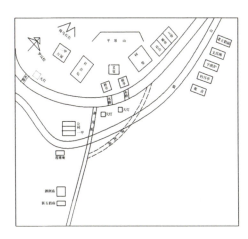

▲ 下溪村村落示意图

一、后龙、护龙、朝山、水口，祖宗定界立墨，掌养荫木，庇护乡局，各宜禀遵。若斧刀入山者罚银壹两，捉获者赏银伍钱，折取枯枝、爬取松毛者罚银五分，给赏捉获人员，通同隐瞒者同罚，强梗合族呈治。至将屋基卖出外姓者，逐黜。

二、后龙为一乡命脉枚关，朝山、水口为一乡关键所系，只宜培养助护，岂容剥削挖毁？以后紧要处，恃其己业，擅行剥削挖毁、裁害乡族者，立责培复，强梗呈治；

三、遇外变兵乱，有财力者、有才能者须协心维持调护，使一乡安堵如故，若乘机勾引残害全族者，究治除之。

四、上、下桥为往来切要津梁，因取树无所，批助牛轩培山，付搭桥之家，封禁掌养，永为取用。如无知侵盗及纵火延烧，依后龙、水口、朝山例罚，梗众究治。

五、造石仓碣注水上、下池，因水断截，又助工食，与上、下桥仆人轮次作水，以期长流，为镇火星，毓财秀也。如仍截放，罚银贰钱，强梗究治。

六、搭桥田租及作池水工食，上、下桥仆分领，则家头多寡不同；照家头分领，则丁口老弱多寡不一，劳逸不均，恐生废弛。今众议：无论私仆、众仆，二十岁以上、五十岁以下住居村内者，匀领供应，小头递相总理，庶劳逸适均，永无废弛之患。

七、桥田及水口神庙税粮，照旧装寄，依本仁祠例交纳，挟贴私役者，合族呈治。

上溪村水口的神庙边上，又建有"住持屋"，由本族中贫穷的乡民订立承约住持，"食租治庙事神，并巡守朝山、水口，封禁荫木"，既给予村中穷民的保障，同时又担负一些公共事务，对村局有维持作用。几年前，上溪村民在原址上恢复了"灵毓桥"等部分水口建筑，虽然不及当年的宏伟，但也算了却了乡民的心愿。

▲ 溪头村景（詹东华摄）

下溪村水口

下溪村位于婺源县的东北部。宋建炎、绍兴间（1127—1162），唐工部尚书程湘后人程护由婺源秋口长径迁此建村。因为建村于婺东北武溪水源头，所以古称溪源，亦称溪头。后因势公由浆坑源迁至溪源之北名上溪头，此地遂改今名。

村境内东有上东山尖发源的倚马石尖、平山平太、洪渐山，南有罗星坞的万谷山、水口林、屋头山、保济会、霍山林、南培庄、金斗坑，西有何公尖、龙尾凹、里外叶家山、小儿头、尖高峰，北有判官石、大坑庄、坞来头、芝模山、亭高山、朱将山等山林延绵环抱，地势西北高，东南低。汇集五龙山系多条溪流的武溪水经上溪村后，向南而去。又于下溪村中央处与发源于境内浆坑源的龙溪水汇合。流至港口入段莘水，再南下县城。

在下溪村村头有一棵罗汉松，有近千年的历史，村里老人代代相传是祖先卜居时候种的。古代徽州人，村落选址除选地之外，常常还要植树定基，即初定村址时先植上樟、柏、梓等寓意吉祥之树苗，以树苗之长势判断地有无"生生之气"，如果长势好就说明是"吉地"，反之则不可取了。婺源以此来定基的村庄很多，如长寿古里洪村的白果树，簧村的倒插罗汉等。根据林业部门考证，下溪村罗汉松的年龄比较接近下溪村的迁居年代，由此可见这传说应该比较可信。

堪舆俗谚云："山管人丁水主财"，水即是财富的象征。因此，下溪村自古重视对水口的营建。

水的入口，叫天门，即上水口。《入地眼图说·水口》云："凡水来处谓之天门，若来不见源流谓之天门开。"所以，天门来水以开阔通畅为贵。下溪东面山脉像狮子头，背面山脉像一个长象鼻，和狮子头遥遥呼应，所以下溪村的天门有"狮象把门"之说。大象相传为普贤菩萨坐骑，而狮子相传为文殊菩萨坐骑。传说两位菩萨坐狮象把守山门，聆听莲花殿上观音菩萨讲法，狮象二山形成了一个天然山门，护卫着下溪村落。

下溪村的下水口，外面是白坑口。水口处除了两山作捍门之柱，合族还花巨资人工挑土在水口处堆起一个土石洲阜，以让去水绕弯，增水流之回环。在古时的一些说法中，人居住的村落叫罗城，罗城口外，或在罗城口间的山石或洲埠叫罗星。水口山如咽喉，罗星即舌气。故有"一个罗星抵万山"之说，极具"锁钥"之势。

这个土石洲阜就是"塞据于水口的罗星"。因为此足足花费了一万石粮食之资，所以村人又叫万石岗，但大多数人还是直接叫罗星。罗星边上的山坞，就叫罗星坞，大凡村内非正常死亡的人就只准葬在水口以外的罗星坞。

冈上先人种有香樟20多棵，现在都要两人才能合抱，一年四季，郁郁葱葱，就像一个天然的屏障。寒冷的冬天，下溪水口外寒风呼啸，水口内的村落却风平浪静，宛如世外桃源。

据村里老人回忆，历史上下溪水口很幽美，建有不少人文景观，但是，大多的景观都在"文化大革命"中拆毁了。这里录一段程惠民先生在《家乡下溪头》中的记述，以还原下溪水口当年的风貌，以及曾经有过的各种建筑和场景：

离村口两里，有一路亭，名白亭，内设坐佛，供行人少栖，大路穿亭而过。来到村口，河道弯弯，有一山角，直伸河心，满山遍野，大树参天，遮盖着河道，也遮盖着道路，大有山重水复疑无路之感，定名万谷山，又名万石山过溪，据说那山角是以万担粮食的代价人工堆积而成，目的是改河道如瓶颈，造成峡口，提高上游水位。既是水利工程，又是景点。穿过密林，步入村口，有一座五猖庙，倚山而建，庙内五尊面目狰狞的塑像，手持各种兵器，甚是可怕，传说五猖神形凶心善，专屠妖魔邪恶，而保人畜平安。行进不远，迎面一座双层八角亭，飞檐翘角，绿瓦金顶，石方柱、石栏杆，亭内高挂"文昌阁"三字横匾，八方都有对联，这文昌阁造型美观，屹立在河边路旁的转弯处，上面是青山林荫、鸟语花香，下面是绿水游鱼，翘角的风铃，迎风唱歌，清脆悦耳，行人至此，怎不心旷神怡？离此不远处的路边山旁建有一座焚纸炉，专烧字纸之用。再行一箭路，山上有一股清泉涓涓而下，在距地三尺高处的石壁上凿有一凹函，形如水碗，旁边石壁上刻有"石髓"二字。这山泉水清香甘冽，十分可口。不远处有一座路亭，内设座位，上挂"石晖亭"的横额，两边有长联。亭上的山坳处有一小亭，亭内挂一扇形小匾，上书"钓月亭"三字。又一箭之路，路旁山路山边耸立着一块巨大的石碑，碑上锲刻着"养生潭"三字。此是禁河。大小鱼虾嬉戏水中，以供观赏，不许钓捕网。离此不远处又有一路亭，名曰：水口亭，内有座位，亭前有观景台，亭顶上依山建有一座观音阁，呈梯形与亭顶连接，在亭边山坡拾级而上，阁内有神龛、神像，香火颇盛。这亭阁合建，混为一体，堪称一绝。

从水口亭至万谷山一带，上有封山森林，古木参天，森林茂密，郁郁葱葱，树上百鸟争鸣，松鼠跳跃。下是禁河，鱼游碧波。从观音阁至文昌阁一段，大路沿河倚山而建。沿途亭阁林立，大路临河一边全部安置石栏杆，可供游人依靠赏景。置身其间，如入蓬莱仙境，让人陶醉。

正因为下溪水口人文景观丰富，所以，古时当地流传一句"下溪水口汪口碣、方村牌楼太白塔"的方言俗语。

龙尾 三重水口村居群　　江明亮

　　龙尾村肇基历史很早，历唐宋元曾居此者有詹、程、叶、曹、周、吴、姚、江姓，明清至今有江、姚、叶、陈、程、余等二十余姓构成。据乾隆五十年（1785）岁次乙巳《庆源詹氏宗谱》记载：庆源詹氏第二代詹士诚（字有遇），迁居龙尾，詹士诚

龙尾秋色（张银泉摄）

生于唐玄宗天宝年间（742—756）。据此推算，公元 780 年前后，也就是说最晚在婺源建县之初，就有詹氏在龙尾村居住过，之前暂不知晓。但詹氏为何销声匿迹，至今依旧是个谜。另据龙尾家谱、婺源地名志记载：龙尾村基又名承（呈）泗坦，隐隐可知这片土地曾被洪水肆虐过，会不会因此这支詹氏才销声匿迹？《中国水利志》有记，元代早期（1306）婺源发生过一场大水，乾隆版《婺源县志》记载的是 1316 年发大水。两者应指同一次大水，但不知何者有误。再看龙尾村明清两代有龙尾村、龙尾里村、龙尾上村（毁于太平天国）、龙尾下溪等村居组成，就拿对面下呈来说，这一支程氏是由金竹坑到龙尾，至今已 34 代，也有上千年历史。

历史上龙尾再次迁居的是旃坑萧江氏月字支，龙尾家谱及《弥四公祠碑》记载，迁居者是元末弥四公。弥四公"字用宾，行弥四。学问宏洽，精通乾文坤理，德高博学，才敏识玄，来知往藏豁如也，敦持风节，耻胡元猾夏，坚隐不仕。大明肇兴之前，弥四公与汪仲鲁，洪武庚午左春坊左司直，婺源大畈浯村人，俱隐婺源山林，岁时往还；上下古今，深相交欢；尤器弥四公次孙公辅，而以厥子妻"。

关于弥四公迁居的原因，《弥四公祠碑》也有较为翔实的记载：元朝末年，天下大乱。龙尾始迁祖弥四公，原居婺源七都旃坑。当元季，大明太祖皇帝肇兴大业未定之时，金祥这一悍夫俭人，勇力浮气，起乡兵扰攘，暴横乡里。见公才貌，欲縻以非爵（也就是说，金祥要弥四公当乱军的副头领，并看中弥四公之女貌若天仙，想娶为妻，找人来说媒提亲）。弥四公义不受污辱，公窃笑曰："尔吾族氏家奴也，讵可与婚？且尔不久屠戮矣，吾焉尔屈"！（意思是说你是我江家的奴仆，行不义之事，屠戮乡亲百姓，还想要跟我攀亲，自己都不知哪天就被人杀掉，我还屈服于你。）遂在父、叔、伯等带领下为避强悍之乱，尽室以行，去旃坑、逾汪璐岭、望萝山下，烨有祥光藤蔼，遂先规恢土宇暂寄居，后父母叔伯相继过世，自己挈家室而迁居。

龙尾这一地名，历史上很早就见诸记载，如唐代建制有婺源县万安乡长城里龙尾社。龙尾社是婺源最早有文字记载的两个社之一，另一社是游汀社。明嘉靖年间，北京尚宝司卿汪文辉（字德先），婺源古坑人，对龙尾地理位置曾经有极其精彩的描述：

> 名岳五龙山，雄峙上游。盘旋百余里，崔嵬切云。衍分五干，地称龙尾。迤则高湖大鄣由以开胜，退而天都紫荆由以毓灵，盖东吴巨脉也。而婺之沱川余，段莘汪、龙尾江胥其发祥。转迤而南，层层焉峦，叠叠焉嶂。若龙翔虎蹲，竟著恢奇；若鲤跃鲸骞，倍加壮丽。萝山于是突而起势，全形献天，庚位蟠地，挺乎秀出，俨乎尊临。辛峰

辅其左，双峰弼其右。圣潭一水，环若缠带。朱雀群岳，横若列屏。又有何峦蛟池，背负聚讲群峰，拥玉坞而厂其基，巽峰马山，夹港水而拦其口，括尽一原胜景。

龙尾村境内及周边环境十分幽美，是不可多得的人居宝地。史上曾经有文人题诗赞曰："莫言下岭便无难，赚得行人空喜欢。正入万山圈子里，一山放行一山拦。"龙尾村一年四季重峦叠翠，溪水澄碧；岚气升腾，粉墙黛瓦影影绰绰，青苗绿茶时隐时现，田舍风光，平和恬淡，好一处如诗如画的世外桃源。

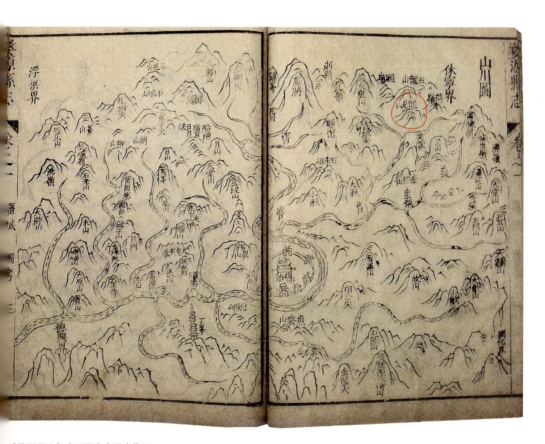

《婺源县志》山川图中龙尾山位置

龙尾水口文化

龙尾村居整体像一个葫芦形，由龙尾、港口、湾潭三个萧江村族组成，如葫芦之腹，配以三道紧束的水口，自古就被认为是极佳的人居胜地。

龙尾有三重水口，分别在龙尾上游、港口、湾潭，并逐级收锁。依次突显"天门宽阔受外气，地户关锁藏内气"。从而广聚龙尾、港口、湾潭内气，使段莘水、武溪水久注而缓出。

龙尾水口，是龙尾村一个非常特别的组成部分。它经过萧江氏历代先祖不断花巨资补充，历史上曾经是龙尾村落的形胜之地。

龙尾第一重水口从离村约 1.5 千米的龙溪水与一路蜿蜒奔腾而来的武溪水交汇处起，至龙尾牌坊底，港口石桥岗以外为外水口；牌坊底经石板路过内水榭台至萧江宗祠为龙尾内水口。

龙尾第二重水口离村约 2.5 千米的湾潭雷坛庙金牛望月、庆安亭以上至港口今粮站处，有桐山和萝山余脉石树林把持关锁。

龙尾第三重水口在离村约 4 千米的上坦碣"湾潭亭"以上至湾潭，有汪璐岭山脉和萝山楂坞山脉关锁，此为龙尾宝地葫芦嘴；上坦村对面有湾潭亭最后守住龙尾，是完完整整的地户葫芦喉、内堂葫芦腹的格局。此处两山夹峙，一水西流，左狮右象，极具锁钥气势，是去龙尾村的第一道天然屏障。湾潭水口 600 多年的古樟依然高耸繁茂。

旧时，龙尾村为了关锁水口和方便行旅，往往会筑石桥，但也有搭木桥的。因此，共同出资出力，也就成了约定俗成的前例。《造港口桥梁募引》中写道：

> 龙尾港口，婺东北之通衢也，双溪合流，行旅负担，集凑络绎，实为要津，向有木桥，以达往来，每夏月梅雨暴降，水涨桥解，渡之以舟，然涛澜迅激，时有覆溺之虞，济者病焉。吾乡议建石梁，上为亭树者旧矣，因财用不充，工再兴而辄止，今本祠捐厚资以缵成前议，凡鸠

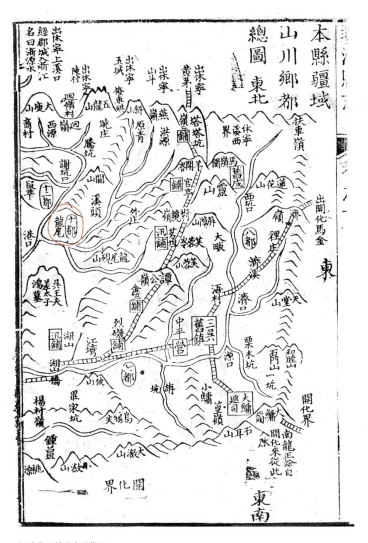

▲ 清代以前的龙尾位置

工伐石，购木陶瓦，所需既专任之矣，而搬运群材之工，不无繁费，尚须众力经营，爱恳仁人善士，慕义劝输，共襄盛举，俾行旅永无跋叶之叹，而负担长蒙利涉之休，不亦所施者约，所济者众哉。俟厥功告成，将勒贞珉，以垂芳名于千秋，其与倾囊而营梵宇者，善相万也。同志者勉旃。时雍正元年桂月谷旦龙尾江宗祠世贤堂敬引。

龙尾村居布局文化

从高山俯瞰，龙尾村似一艘船。通往龙尾村里的三条石板路犹如船跳板，宗祠则是船橹，边侧罗汉松恰似船帆。"村局须教择地形，背山面水称人心。山有来龙昂秀发，水须围抱作环形。明堂宽大斯为福，水口收藏积万金"。而龙尾的村居布局与其他的名村巨族有所不同。

其村局大致为：龙尾山西至何峦蛟池，拥玉坞而厂其基，巽峰马山到港口河东古渡口入水，右侧到岩前虎儿岩。龙溪叶潭原有上边溪、中溪、下边溪溪坝，因战乱，水灾原因迁居他乡。如今，还可看到中溪建五堤坝与"五凤朝阳"相呼应。

龙尾村里的三条石板路，中间那条叫新娘落轿石。村中老人相传，婚嫁的花轿都要在此停留一会，以祈好运当头，家运亨通。

龙尾先祖为设此村局着实费了一番心机。村居坐东朝西，背靠龙溪叶潭，泽润二公圳从北向来，从西南向出。这样可使龙尾村后明有龙溪水长流，村前暗有泽润二公圳水不断，月池、宗祠前水池和村口五处鱼塘水清见底，里村柏树、罗汉松、古樟苍翠欲滴。水系与环境相互调和，相得益彰，这正是龙尾村兴旺之景象。

龙尾现存的人文景观尚有文昌阁、上井、孝泉、月池、乡约所（文会）及萧江宗祠等7座祠堂。

上井，乾隆版《婺源县志》记载："龙尾法坛，在上井，里人江辅里建"。先前井水清澈甘甜，后因姚家后龙山原始森林被毁，港口三级水电站渠道截断水源，井水已不如从前那般清澈。

孝泉在龙溪中间第二个溪坝内侧。其实是两口井，上为饮水井，下是洗用井。冬暖夏凉，冬季早晨可见泉水冒热气，村民洗东西一点都不冷，犹如温泉。原来，孝泉上首立有两块一人高的石碑，一块阳刻"孝泉"二字；另一块是孝泉碑记，"文化大革命"初破四旧时被砸断。笔者家中收有一小截，依然可见"……泉自金顶……冬温夏清，有孝……匮义，因名孝泉……乡人共勉之……"。

据村中传说，从这两口井中间下河洗澡，不会被水淹死。

月池，在村中轴线上，是乡约所前的一半月形水池，水引自东岸石陇坡，经龙尾里村泽润二公圳流入。池的正前方对着笔架山金山顶，而池本身有如一方月样砚池，显然寄寓了江氏先人对"文风鼎盛"的祈愿。池底镶嵌有"水火相济"字样，可用池水救火，当有消防的功能。建于 1468 年的水利工程泽润二公圳，即石陇坡圳，可灌地三百余亩，至今仍惠及一方村民。

现遗留下来的还有古万安乡乡约所——恂恂堂，四房厅集和堂、关帝庙、天池庵（残存），以及建于明初的横坑、延龄、衍庆、汪路岭四座石拱桥，还有通往溪头、江湾、上坦晓起、珊厚、江岭、段莘、阆山、呈之路、天池庵等 9 条石板路。龙尾村街上原有的商铺西岸七宝店、城口霞店、汪潭店、港口店、龙尾十三盘店、里村店、江岭店，虽旧貌可寻，但已非昔比，依然服务于周边村邻。

1966 年，"文化大革命"开始，"破四旧"更彻底，三房厅龙溪高等小学校本可修缮，但最终还是被拆毁，并将萧江宗祠拆除做龙尾中心小学，牌坊也被推倒。1970 年，修建三级水电站，随着段莘村建水库，龙尾绵延约 1.5 千米，有 600 多年历史的第三重水口林也随之消失了。

古时，龙尾村"贤宝堂"藏有龙尾先贤的诗集百余首，现幸存的只有第 52 至 77 首。而蔡宗衮、游震得、许应岐等名家赞龙尾的诗词依存。

"五龙山下称龙尾，山深溪曲多奇诡。划然石室自天开，端方更有双高台。霏霏阴洞细烟雾，花屏直写芙蓉露。瀑流或作银河倾，百折深潭圆更清……"正如婺源人游震得诗中吟诵的那样，龙尾村山水奇诡。

诚然，民间认为水即财富之气。龙尾为了留住财气，先人在选中龙溪三重水口的基础上，辅以七星桥、月池、七星墩陪衬养护村庄。若要把龙尾三重水口看得真切，最好的方式就是去龙尾溯溪，听长者讲古。

庐坑 龙凤呈祥获天佑

詹德兴

婺源东郭五龙山山脉向西蜿蜒延伸，重峦叠嶂，有大禹山、小禹山、觉山，在青山与浙源山山脉会合往南，往婺源县城方向延伸称充山（俗称"重龙山"，庐源宅图仍称"青山"）和张母山，两山相夹形成一个狭长的山谷平地，这里有一个古老的乡村——浙源乡庐坑村，此村便是"中国铁路之父"詹天佑的祖居

地。庐坑村古称"龙川"，因为是五龙山发脉重龙山为水源；又叫"庐源"，《詹氏宗谱》记载，"以其源为九江庐山之源，故名"。庐坑村有许多与庐山相似的地形和相同的地名，如"五老峰""琥珀山"等等。

浙源山脉继续往南延伸连接高湖山、凤凰山。凤凰山连绵数十山峰，如散开的巨大凤尾，凤头在十堡村与双路口村之间伸向浙水，古人称为"凤凰饮水形"，而徽饶古驿道中的凤凰岭，就在凤凰脖子上。在双路口村有两条河流在此交汇：一条是发源于浙源山的浙溪（凤水），一条就是发源于庐坑村的庐溪（龙川）。《詹氏宗谱》《查氏宗谱》分别记载了浙源乡詹姓、查姓因为凤凰山而定居。

《詹氏宗谱》记载"初公字元载，陈至德元年癸卯年二十六为东阳郡赞治大夫，有治绩，民歌曰：前有沈后有詹，东阳获二天。陈亡不仕，雅慕黄石公，因号黄隐。居歙之篁墩，旋于隋大业二年丙寅由歙迁婺，遇异人曰：见凤且

庐坑全景（詹东华摄）

▲《詹氏宗谱》中庐坑村村基图

止。行至凤凰岭，恍然悟，遂家庐源，为本族始祖。有遗像，唐昭宗光化元年戊午赐赞焉。"

　　《詹氏宗谱》记载始迁祖詹初："逸民公长子，字元载，号黄隐，生于陈永定戊寅（558）十月十八日，至德癸卯（583）为东阳郡赞治大夫，有治绩，陈亡不仕，归隐歙之篁墩，慕黄石风，故号'黄隐'。隋大业中，由歙迁隐婺北之庐源。列邑志《经济传》首。"记载二世祖詹飞"黄隐之子，行一，讳飞，字鹏远，生于唐武德戊寅（618），任万载县令，以德化民，推号曰'县公'。"也就是说詹初在48岁时迁居庐坑村，60岁才生的詹飞，从此绵延不绝，后发展为遍布各地的大族。

　　传说詹初弃官归隐时才 31 岁，他精研黄石公之术，认为避乱居篁墩的达官贵人及其后裔众多，天地灵气被摊薄，加上自己还未得子嗣，就四处寻找能绵延后代壮大家族的"宝地"。到 48 岁时决意迁徙，"遇异人曰：见凤且止。"据说詹初行走至休宁凰腾村时，见大禹山山势如凤凰腾飞，觉得不适合自己就没有留下，继续前行，"行至凤凰岭，恍然悟，遂家庐源"。彼时庐坑村名"郑家村"，又名"龙川"，是郑氏家族聚居的村落，与凤凰山遥相对应，称为"龙凤呈祥"，最适合家族繁衍。"龙川之源，北自冲头关，东自旒岭关，俱西南流，与浙源之水会于黄泥湾而为深泽，有龙居焉，能兴云雨以应岁旱祈祷，故名龙川。"

　　溯庐溪而上，首先要走的是"龙川桥"，这座桥是庐坑村的水口桥，詹春谷于康熙年间创建，桥头有青石经幢一座。桥头田地数十亩，为元顺帝的护驾大将军詹希恺给女儿的嫁妆，新中国成立前归沱口岭下郎氏管理。桥上游不远有青山埌，蓄水田地提供灌溉。庐溪两边青山耸立，鸟鸣啾啾，清香扑鼻，称为"青山峡"。大宋宣和年间，方腊的部队来此劫掠，庐坑詹氏青壮年 1000 余人在詹洪（字巨源，詹天佑直系第十四世祖）、詹光国（武举人）、詹彦达（行二八，少林武僧）等的带领下发起了保卫家园的抗战，詹洪和詹光国、詹彦达也在战斗中阵亡。据光绪己卯版《庐源绿树祠詹氏宗谱》描述："杀贼千余，庐溪皆赤"，庐源詹氏因此被朝廷赐封为"忠勇世家"。旧时在青山峡还保留点将台、忠勇祠、二八大将军（詹彦达）神庙等古迹，后均毁于"文化大革命"。

　　过了青山峡，走过龙隐桥，眼前豁然开朗，一大片水田簇拥着粉墙黛瓦的徽派民居，三三两两的村民在田间地头忙碌，好一幅恬静的田园风光图，令人遐想联翩，这个自然村就叫"遐村"。2014 年詹氏经济文化交流协会（詹氏族亲的民间组织）在村头修建了遐村广场，广场上耸立着庐坑詹氏第四十世祖、"中国铁路之父"詹天佑的铜像。离广场不远的一个小山坡上有一栋仅剩残墙的老房子，而这座老房子就是詹天佑的高祖詹万榜开的中药铺。

　　遐村广场边的庐溪里有一座人丁埌，据当地老人詹沛兴说，此埌是老祖宗为祈求"兴旺人丁"所建，亦兼灌溉之用。他说祖辈留下传言，只要这人丁埌在，村中就会人丁兴旺。庐坑村有遐村、西山下、庙上、栗树底、前山店、埂下坑、新屋、张村八个自然村，每个自然村都有自己规划的小水口，其中独具特色的是一百零八口青石板活水鱼塘，对应一百零八星宿，这使得庐坑村的冷水塘鱼自古以来一直是特色佳肴。这一百零八口老鱼塘沿庐溪两岸星罗棋布，点缀着庐坑村的人文，也丰富着庐坑人的餐桌。

遐村是庐源詹氏始迁祖詹初的始居地，村子依庐溪而建，沿溪是古老的青石板路和明清时期的古建筑，其中最引人注目的是砖雕门楼"世天官第"，堂匾"世德堂"，这就是大明洪武吏部尚书詹同、詹徽故居。詹同当年在庐坑琥珀山上的天衢书院读书，做官后还曾回来在那里讲学。其时庐坑文风鼎盛，出了不少有名的人物，如詹同的侄辈詹希恺、詹希源两兄弟。詹希恺是元顺帝的护驾大将军，保护元顺帝逃亡蒙古国未归；詹希源做到中书舍人，是著名的书法家，有"大明大字第一"之称。詹同的族弟詹鉴六，《詹氏宗谱》记载他"富于文学，元统甲戌乡试中选，屡领荐举"，詹鉴六次子詹彦贞"持己守正，博览经史，乡称善士，远近推重。明永乐己丑，姜御史奉旨按临郡县，选富输国，衿耆举，欣然不辞，竟头头富户，率长子尚忠偕往北京宛平县德胜关，造廊房数十间以资国用。"

"世天官第"的背后有一座小小的玄天真武大帝庙。每到农历三月三，庐坑村民都会举行"玄天上帝巡村赐福保平安"活动。村民们抬着玄天上帝的金身塑像，在锣鼓、唢呐声中穿过大街小巷绕村一周，家家户户都会焚香、放爆竹接福纳平安。与庙相隔的马路里侧有洪武吏部尚书詹同父母的古墓，在庐源宅图上标注为"天官祖坟"。

遐村河对岸的西山脚下为西山下自然村，因洪武年间詹星同在此建"西山别墅"而得名。《詹氏宗谱》记载"二十五世星同公字文枢，号拱斋，从叔祖文宪公（詹同）学得其蕴，言婉气和，功深文萃，初志家修，不求闻达，著有《日稽录》，设席西山别墅，每与凤壶、廷芳、孟举（詹希元）、志忠、绮锦诸公，宴咏风云亭。孟举公为书'庐源旧隐'四大字嘉之。"西山下村现为俞姓村民居住地。

▲ 庐坑全景（任春才摄）

　　从遒村上行绕过山嘴，靠山脚有一座"崇炎社庙"，庙中供奉社公。相传此庙黄隐公迁居到这里之前就有了，曾经多次毁建。此庙以上的自然村称为"庙上"。社庙边，长有几棵郁郁苍苍的巨大闽楠。树的一旁即郑家村遗址，至今遗留有郑公坡、郑家堨的地名，郑家堨拦河引水，是重要的灌溉用水堨，应建于詹氏迁入之前。《詹氏宗谱》有《庐源九曲诗》九首，其四《郑公陂》云"四曲溶溶古郑陂，萦红漾碧画参差。柳荫双鹭忽惊起，人立前滩下钓时。"

　　鱼塘上行约 100 米，有一座青石砌成的大墓，即詹天佑家族一世祖詹初（号黄隐）之墓。《詹氏宗谱》记载该墓在"石井坑桂花树下，宝剑出匣形坤向。后造石填亥向，又另造石填坤向。"

　　在 2008 年 11 月至 2010 年 5 月的一年多时间里，詹氏经济文化交流协会和詹天佑研究会多方筹措，在詹天佑家族一世祖黄隐公陵寝旁建起了气势恢宏的中华詹氏大宗祠，并在詹天佑祖墓墓前修建了詹天佑祖居纪念馆。2010 年 5 月 19 日，

▲ 庐坑水埠（任春才摄）

海内外詹氏宗亲及相关领导齐聚庐坑村，举行了落成典礼。从此，庐坑村成为了弘扬詹天佑爱国主义精神的教育基地和海内外詹氏宗亲的精神家园。2011年，中华詹氏统宗谱编纂委员会将从全国各地搜集到的詹氏宗谱1700余册运到中华詹氏大宗祠藏谱室收藏。

詹初墓旁有一座气势恢宏的建筑，大门楼像一只展翅欲飞的大鹏。这是传统的重檐歇山式门楼，俗称"五凤楼"，寓意飞黄腾达、蓬勃向上。上面悬挂着一块匾额，刻着"中华詹氏大宗祠"七个大字。在大宗祠门前广场上，摆放着十余个旗杆墩，这些旗杆墩上刻着"某某科""进士""贡生"等字样。庐源钟灵毓秀，人杰地灵，出了很多有功名的詹氏，这里原来摆放有一百多个这样的旗杆墩，现在有的已经遗失，还有很多砌在了石墙。所幸的是，詹天佑的"工科进士"旗杆墩在2010年重见天日，成为佐证詹天佑功绩的一件重要实物。

大宗祠边上的四层楼房是"詹天佑祖居纪念馆"。詹天佑祖居纪念馆的展厅分一楼、二楼两部分，一楼主要是展出詹天佑的家族史及生长、求学、家居等资料，二楼展出的主要是詹天佑一生的主要业绩等资料。在詹天佑祖居纪念馆后面的大樟树下是詹天佑的祖母墓，墓碑上刻有詹天佑和他的天字辈兄弟八人的名字。詹天佑的祖父詹世鸾是随父外出卖茶叶的徽商，在海南落籍，后迁广东。

离大宗祠不远有一座古老的石拱桥，叫"凌云桥"，这里原来有一座凌云阁，供奉庐源詹氏历代为国家作出贡献获得朝廷嘉奖的人物，以激励族人发奋图强，在"文化大革命"中被拆毁。凌云桥上的庐溪旁有一棵巨大的闽楠，相传为詹初亲手所植。凌云桥之上的庐溪两岸分布着两个自然村：河东为栗树底村，河西为前山店村。栗树底村河边残存的门楼上有"太史第"匾，是詹省耕的祖宅，20世纪40年代初，抗日烽烟正浓，詹省耕在这里创办黄隐中学，请来很多躲避战乱的教育界名流任教，招徕徽婺学子，造就了不少人才。

溯庐溪而上依山而转，这里有一座新建的水泥桥，桥上有石碣叫水碓碣，桥头即是水碓遗址，为古人的碾米厂所在。过水泥桥就是埂下坑自然村，为李姓村民居住，有一座李氏宗祠保存较好。过水碓碣的河东即是新屋自然村，明朝成化年间詹汝迪（字功大）从庐坑庙上村迁此创建新屋而得名。村中有詹天佑祖居旧址，还有祖祠昭大堂。昭大堂在村中间，占地面积500多平方米，是村中规模最大最雄伟的明清古建筑。庐溪西边为张村，居住的是张姓村民。

新屋村村民住宅的大门均面朝庐溪（即坐东北朝西南）和案山，背靠五老峰（当地人称为五老梅）之脉，五老峰的两支山脉宛如两只巨大的臂膀护着村落，从对面看过来，整个新屋村就像坐在一把巨大的太师椅上。五老峰左臂山脉与前面案山隔庐溪相对，形成非常紧密的"藏风聚气"的水口。庐溪水自上而下数折后流出水口，流势缓慢，灌溉着村中数百亩良田，滋润着村中数百居民，更孕育出了铁路之父詹天佑。

传说大明开国之初，刘伯温为踏"龙脉"，曾经追慕詹同之名到了庐坑村，他惊叹庐坑山水有"龙凤呈祥"之妙，难怪能走出詹同等不同凡响的人物，可惜的是"地气"已显不足，需积攒四百年后才能再出一个名闻天下的人物。果不其然，庐坑在四百年后，走出了举世闻名的詹天佑。

凤山 得凤而栖凰翱翔

詹德兴

　　凤山村位于婺源县北部山区，因地处凤凰尖南麓浙水西岸而得名，当地人俗称"山坑"，现为浙源乡政府所在地。

　　《新安名族志》记载："凤山在婺北七十里。南唐观察使曰文徵始居邑治之西，与邑令廖公平极相友善。今有查公山、廖公泉名迹存焉。子曰元修，再徙凤山。元修子曰甄，无嗣，以文徵（文徵兄）之曾孙曰永之入继焉，仕至尤溪尉。"

山水人家（张银泉摄）

　　《查氏族谱》记载："吾二世祖、宋太常寺太祝元修公……一夕梦神人告曰：得凤而栖，遇凰而止。宋太祖乾德甲子年（964）至此，见山高水秀，询诸土人，曰：凤凰山也。遂定居焉。"

　　从《凤山查氏住宅图》可知，凤山村并没有以凤凰山为倚靠。原来，查元修的始迁地并不是凤山村，而是凤凰山脚下的查村，又叫凤山上村，原名铸炉坦（传说查元修在此铸炉炼丹而得名），即今浙源中学所在地，当地村民俗称的查村窟。

　　众所周知，发源于浙源山的"浙溪"与发源于青山（重龙山）的"庐溪"汇合后称为"浙水"。凤山村就在浙水边，按山形地势及河流走势，村水口在与沱口里村的交界处，该处两山对峙，树木茂密，古驿道顺河岸而下。而当地查氏习惯把龙天塔所在处作为凤山村的水口，其上下游各有一座没有留下名字的桥。

　　据载，"龙天塔"始建于宋，后毁。为了重振文风，在明万历戊午年（1618）

由凤山村查氏族人出资重建。之后，此塔又经清同治年间、1998 年及 2001 年的多次重修。龙天塔是婺源县仅存的一座文峰塔，已成为婺源县乡村旅游的地标性景点。古塔矗立河边，七层的塔身倒映在溪水中，显得格外修长；塔身粉白，灰檐裸露，四面青山环衬，愈显妩媚多姿。塔周皆是良田，四季物象更替：春有油菜花黄，夏有青苗万顷，秋喜稻菽千重，冬庆瑞雪丰年。登上龙天塔眺望，昔日凤山"柘水秋波""花桥春涨""龙洞蟠青""凤屏飞翠""东亩朝耕""寒溪钓雪""秋岭樵云"和"西村夜读"八景的画面似乎就在眼前，令人感怀。

▲ 临水而居（任春才摄）

　　凤山村沿浙水溪边亦有一条古老的商业街，长街从孝义祠开始一直通到文德祠门口，街道两边店铺众多，商贸活动较为活跃。过去，凤山查氏基本上是士商并举，齐头拓展。村中男子成年后大多外出经商，经营茶叶和木材的居多。这些徽商赚钱后回乡大兴土木，因此村中至今仍保留有不少明清古建筑，如亦政堂、三斯堂、大夫第、立德堂、敦德堂、慎德堂、志承堂、慎修堂、立本堂、孝义祠、德仁公祠等等。婺源墨业中亦有查氏一支，其中颇为有名的是查二妙、查亨吉、查达三、查同春、查益三等墨号。

　　凤山查氏宗祠名"孝义祠"。查思滉作凤山八景诗之《凤山飞翠》云："丹穴飞来不记年，葳蕤翠羽朱霞巅。左峙苍鹰衔晓日，右翔金马拂秋烟。轩皇去后巢谁阁，敲戛大章舞韶箾。乃始览辉而下之，凤兮凰兮唤燕雀。"这首诗点明了凤山孝义祠的阳基形势是"丹凤朝阳"之局。祠堂坐西南朝东北，与浙水相向而建，为得水之势。凤凰山绵延而来至凤山村遇浙水，发端于高湖山余脉朱旗尖的寒溪，一路奔流十几里，至孝义祠前与浙水交汇，龙脉亦随之聚拢。寒溪北岸有小山，俯首而作案山。山水汇聚，堂局齐整，民间谓为"丁财两旺之基"。

　　从《查氏宗谱》可以得知，除孝义祠外，凤山查氏还有各类祠堂20余座。村里曾建有关帝庙、文昌阁等神宇16座，各式桥梁12座，亭5座，寺、塔、坛、院等建筑十余处。

　　《查氏宗谱》中写道："见山川之秀丽，喜风俗之纯良，堂构蝉联，人文鹊起，承先启后，本高（祖）曾集累之仁，食德服畴，保孙子无疆之祚，所谓地灵人杰，其在斯乎。"可见，查氏对自己的村庄十分满意，而且世代悉心经营呵护。

▼ 鸟瞰凤山（张银泉摄）

▲ 古民居隔扇门（任春才摄）

　　由于人丁旺盛，凤山村为了谋求发展，历代查氏也在不断外迁，外迁查氏中最广为人知的就是浙江海宁查氏。《查氏宗谱》载，十八世查均宝，士璿子，号仁斋，行能二十八，元至正丁酉自婺源迁浙江桥李，再迁海宁州园花里龙山东查家桥。海宁查氏后来发展成浙江望族，清康熙帝称其为"唐宋以来巨族，江南有数人家。"明清两代，海宁查氏科甲鼎盛，人才辈出，名臣文苑，出类拔萃，至今享誉海内外。清代诗人、文学家查慎行，新派武侠小说开创者查良镛（金庸），现代主义诗人、翻译家查良铮（穆旦）、当代工商界巨子查济民等就出自海宁。

　　经查阅相关资料，凤山查氏历代文人学士也多有著作：明代有查湖，字北屏，著有《耄龄示后》《贤亲堂遗训》等。清代有查嗣苌，字右宏，号东山，著有《行余集》《百梅一韵诗》《蒙童必读》等行世；查光怀，字维道，著有《道迩篇》《宋孔约言》《完白斋诗话》等；查三明，字德上，号拙拙夫，著有《拙拙夫集》等行世；查潜，字渊若，著有《曙闻集》等；查思滉，字我涵，著有《棘忧草》《清凉散》《病后狂言》《思滉文集》等；查涛，字克臣，著有《讲禤轩文稿》等；查庆曾，字静山，著有《锄经堂文稿》《镜珊诗草》《砭己明言》等；查人纲，字植卿，号兰谷，著有《翔凤山馆诗文稿》《历代史选》《历代诗别裁选本》等行世。

虹关 龙门关水口 马石峙源头

毕新丁

　　2005年11月初，即"婺源·中国乡村旅游文化节"期间，时任全国政协常委、中国文联副主席兼中国民协主席冯骥才，考察了江湾、汪口、思溪、延村、虹关、理坑等古村落。他在《古村落是中华文化的箱底》演讲中，高度称赞了婺源的历史文化

资源、古村落保护措施。他指出，"深藏山水间的古村落，它们各有各的特色，它们是我们民族文化遗产所剩不多的家底儿了""有文化的婺源人深爱着婺源的文化"。

虹关村水口是一个"音乐厅"，呈现出朴素的美学元素：一年四季，蛙鼓虫吟，鸟唱蝉鸣；溪水是乐器，山风是和弦，偶有几声鸡啼狗吠，让人倍感清新亲近。比如虹关水口，有驿道津梁，樟、桂、檀、楠、柏等古树，永济茶亭，长生水圳，龙门石竭。这里良田依水、田畴富色，汇聚了自然界要素与障空补缺的人工建筑。这些使古老乡村公共园林的虹关水口，成为婺源人居环境建设最成功的范例之一。

▼虹关全景（张银泉摄）

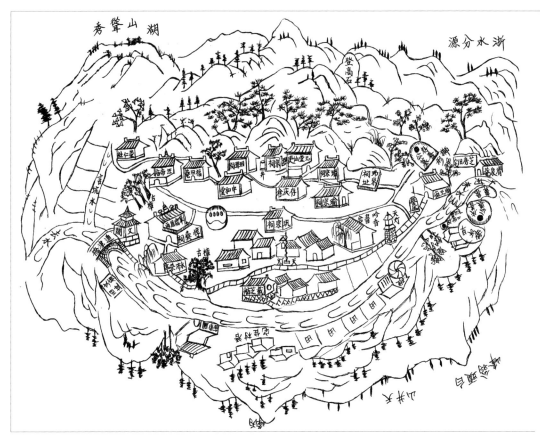

▲《詹氏宗谱》中虹关村基图

　　通津桥　水口桥是交通设施，也是一村之咽喉，更是反映村貌的窗棂。桥梁的一头是村落的小世界，桥梁的另一头连着的则是大世界。通常，村庄修宗谱都要记载桥梁，把桥梁作为村落地理的重要标志。虹关通津桥始建于南宋中叶，历朝历代曾加以修缮。清同治年间（1862—1874）又一次被洪水冲塌后，由詹元吉捐资百金，历时三年修成。2012 年下半年，虹关再次修缮了通津桥。

　　虹关水口通津桥，单孔石拱，长 16 米，宽 5 米。桥两侧及桥头台阶上均有石护栏，结构十分完美，像一道彩虹横跨鸿溪两岸。桥两面的龙门石上各刻有篆书：朝村外的是"通津"，朝向村子的为"挹秀"。既说明从此桥可通向远方，又表示站在桥上犹如进入秀美的图画之中。古人在这里观景时曾写下"四面烟云绝顶下，一湾溪水斜阳中"的赞美诗。

虹关通津桥有两排三向通行台阶，有双向通行的桥下人行道，共七条通道，可以说是一座古代的"立交"桥。2005年，通津桥被婺源县政府公布为第二批文物保护单位。

水口位置除了通津桥外，还建有桥楼塔庙等建筑物。虹关村落地势较通津桥低，在桥北建造了文昌阁、詹氏宗祠惇彝堂（今小学）、镜心堂、汪帝庙、福田庵、崇仁社等祀祭、礼制建筑（今均无存）。

永济茶亭　过虹关水口通津桥，沿河边徽饶古道上行，龙门堨左侧有一座粉墙黛瓦、骑路而筑的路亭，名为"永济茶亭"。该茶亭曾设缸施茶，供往来行旅歇脚，免费渴饮。1914年4月，黄炎培先生在经由婺源考察徽州教育日记中，曾记下婺源许多乡俗，比如茶亭："亭之隅有灶，陷铛其中，茶香一缕，既温且清，以竹为杓，任客饮，不索酬，亦不见人司也。"

永济茶亭是明代建筑，后来每有损坏，村人必自觉捐资修缮。亭为一层建筑，古道从亭中穿过。永济茶亭一面门额题词是"白波浸天"，一面门额题词，是取自唐诗《圣果寺》中的"青霭丛木"。这是对茶亭周边，如龙门湖碧绿如镜、

▲ 虹关通津桥（胡红平摄）

倒影如画、水口林葱郁翠绿、云雾笼罩等景致的真实写照。亭门口有一副对联："若问几何年曰宋曰唐古樟自晓，溯回多少事分吴分楚浙水长流"，讲述的是千年古樟与吴楚分源的史实，道出了虹关生生不息的悠久历史。这些题词、楹联笔力刚劲严谨，俯仰之间，生动流畅，都是出自方家之手。

千年古樟　从祖宗选中住地开始，婺源人就开始在村边种植樟树。年复一年，代复一代，因此千年古樟在婺源随处皆见。因为樟树长寿，生命力强，四季常青，预示着村庄的兴旺。它散发出来的特殊香味，能驱害灭虫、防病消瘴，所以婺源人从爱樟，发展到崇樟、敬樟，直至将它神化。当地就有遇小孩难养者，用红纸写上其生辰八字，贴在樟树上，过继给樟树老爷以求保平安的习俗。

▲ 虹关古樟（胡红平摄）

▲ 古桥云梯（任春才摄）

由永济茶亭前行20余米，有棵大樟树屹立于溪畔。这棵在虹关詹氏始祖詹同迁入前就栽下了，树龄距今已逾千年。如今树高26.1米，胸径3.4米，冠幅达30米，枝柯横斜苍劲，叶片披青展翠，有"江南第一樟"之誉。

1932 年秋，虹关詹子瀚自上海回乡，用照相机首次拍下古樟雄姿带回上海，赠詹姓乡人。当时，在湖北今宜昌的虹关人詹佩弦，获赠照片一张。于是，詹佩弦大量印发照片，号召大家为此树撰写诗文，共获得咏樟诗词文章 50 余篇（首）。此后编了一本《古樟吟集》。为一树出一本书，古今中外稀有。

乐平师范毕业的邻村人胡五丁老师，于 20 世纪 80 年代末，作词谱曲了一首《古樟情》，道出了虹关人爱樟护樟的心声。

2004 年 10 月，民进中央委员、上海市人民政府参事、专业作家赵丽宏为虹关村、虹关古樟写下"虹关漾古风，悠然传千年"题词。

生于虹关长于苏州的詹氏后裔、新华社《参考消息》常务副总编的詹得雄先生，自离开家乡 60 年后，于 1995 年再回故乡时，为这株千年古樟写过一篇《古樟情思》的散文发表在《瞭望》周刊。

龙门石塥　村落流水之出口宜关闭紧密，最怕直去无收。虹关有"龙门关水口，马石碕源头"的对联，很直观地说明了源头水由黄隐公上马石流入，绕村而过呈现的布局；在水口建造龙门石塥，蓄水为龙门湖，提高水位的水口结构。在龙门塥下方的河中，还有一突出水面的青石，如迎头嬉水的鲤鱼，村人称其为"鲤鱼跳龙门"的吉祥石。

《鸿溪詹氏宗谱·塘源胜滋公传》对詹广高倡修龙门塥的事迹记载得十分详细："广高公倡修水口龙门塥，输金任重，不惜倾囊……"丰水季节，溪水漫过龙门塥大坝，站在护气养势的通津桥往上游眺望，只见溪流从龙门塥泻下，形成瀑布，古人因之题名"通津观瀑"，并留下"四面烟云绝顶下，一湾溪水斜阳中"的诗句。因为龙门石塥、千年古樟、通津桥，还有徽饶古道等完整的古代遗存，2007 年虹关被评为"中国村落景观"。

徽饶古道　秦始皇统一中国后设置郡、县、乡、亭、里行政构架。"亭"是乡之下以维持治安为主体的基层单位，设亭长。设在交通干线上的"亭"又兼有公文通信功能，"亭"又逐渐地改称"驿站"，变为专供传递文书者或来往官吏途中住宿、补给、换马的处所。

古代，虹关处于饶州通往徽州的交通要冲。有驿道从浮梁县界—排前—甲路—清华—察关—虹关村到浙岭头的"吴楚分源"界碑处。徽饶古道虹关段，西起通津桥，东至周王庙，全长855米，南北向从虹关村内穿过。至今，在虹关村永济茶亭前三级石台阶上，依然清晰可见铁皮独轮车在青石板路上碾压出的宽5厘米，深4厘米左右的车辙凹槽。它记录下了几个世纪里，虹关村商旅如云，车马不绝的匆匆行迹。

长生水圳 虹关的东北端村头鸿溪筑有平公堨。堨是一座滚水坝，用青石砌筑，长19米，坝高5.6米。与平公堨共生的是一条长生圳。从平公堨引水形成的长生圳全长800余米，用青石砌筑，宽窄深浅大体相当。从东北至西南，沿"中路"大道穿街过巷，流经住户门口，有东邻流水入西家的意境。圳水在村内循环后，又从学校门前流回村边进龙门湖，再入大河。沿圳有些地段还筑有水塘，可供周边人家同时洗濯。水塘体

▲ 虹关古巷（任春才摄）

量由沿路住户人口数而定。下水系统以石块随路而筑，有明沟，也有暗渠。

平公堨与长生圳是一个小型水利系统，能起到三方面的作用：一是灌溉村西头"八亩丘"等40余亩水田。二是为居住在离河较远的中路村民提供洗涤及生活用水。三是提供灭火消防用水。历经几百年风雨，堨和圳安然无恙，仍在发挥着它的作用。2005年，平公堨与长生圳被婺源县政府公布为第二批文物保护单位。

虹关龙灯 虹关民俗里的"板龙灯"很有名，也很壮观。

虹关迎龙灯，过去定在正月十三举行，若遇雨雪天气则推迟到正月十五或正月十八。迎灯这天，家家户户都在大门口或院门口悬挂自制的花灯，有大红宫灯、各式各样的走马灯和生肖灯等等。虹关村玉堂仙吏大厅堂更是装饰一新，两

侧大柱上张贴着大红对联："浙水钟灵阃开甲第，湖山毓秀蔚起人文"，寓意虹关村能代代出英才。起灯时，龙头、龙尾两灯相连放在厅屋前空地中间，戏龙的彩球插在龙头正前方。是夜，虹关村人山人海，各家各户远亲近朋纷纷前来观灯，热闹非凡。

农历正月元宵迎龙灯，是我国民间沿袭了千年的习俗，大多数村庄都有，惟虹关龙灯，不仅婺源有名，而且享誉上海。据《鸿溪詹氏宗谱》载：清末上海墨铺，以婺源詹姓居多。乾隆年间有一年由詹方寰、詹大有墨号店主牵头，婺源各厂墨工参加，按照虹关龙灯的模式，迎了一次龙灯，轰动上海滩，并获上海知县王侹赠红绸一匹。

婺墨之乡　徽墨始于南唐，至北宋末，其制墨中心移至婺源。宋以后，沱川、虹关、岭脚等地村民开始世代经营婺墨，而以虹关詹氏声名最著，名墨坊也大都集中在虹关。

虹关墨以贡墨精致深受宫廷青睐、实用墨朴实无华的平民化特点而名扬全国。光绪年间的《婺源地理教科书》指出："墨销售于二十三行省，所至皆开行起栈，设店铺无数，乡人食其利益矣。"虹关詹氏墨品多以实用为目的，以价廉易售为宗旨，在一个时期内，虹关墨商称雄墨业界，占据了中国墨业过半的市场份额。詹氏墨品主要面向群众，因此其所制的墨品，往往选择"御赐金莲""龙门""虎溪三笑""壶中日月""八仙庆寿""八蛮进宝"，以至《西厢记》等剧目作为墨名。这些具有民间艺术特点的墨名，为平民所喜爱，因而迅速占据了明清两代墨业的大众市场。虹关也制作精品墨乃至贡墨。周绍良在《清代名墨谈丛》中说，虹关有绝精墨品，乾隆时曾向婺源定制"御墨"。今在北京故宫博物院所藏的 77 块詹氏墨品中，有虹关詹氏墨品 48 块，足见其墨业的成就。但清末至民国，军阀混战，百业凋敝，加之墨汁、墨水和外来自来水笔的进入，传统书写日渐式微，墨坊、墨号难以为继，墨业开始衰落，虹关制墨也风光不再。

虹关，不仅"望得见山，看得见水"，水口依然美丽，而且历史上的人文建筑保护良好，非遗文化得到传承，让所有虹关出去的游子永远忘不了这份乡愁。如今，虹关村已先后列入"中国历史文化名村""中国传统村落"榜单。

察关 东窗夜读 北亩朝耕 毕新丁

2016 年，一个远在辽宁的战友给我发了一张图片，说要到婺源来看看这个美丽的古桥古村。这是察关村水口的"祭酒桥"，又名"功永桥"。而这张图片，登上了《半月谈》杂志的封面。

在婺源，察关村以前只是个并不出名的小村落，因为村水口的这座祭酒桥，2007 年被评为"中国经典村落景观"。自此，察关逐渐被外界认识、认可，成为来婺源旅游网红与摄友的打卡地。自 2015 年祭酒桥获登《半月谈》第 6 期封面后，此桥便成为婺源古桥的形象代表而日渐红火。

祭酒桥这么红火，不仅仅是因为一座古桥这么简单，而是有并不简单的察关村水口园林、村落历史等许多人文元素的加持。

"水口林"与一般意义的树林不同，它是为村落水口营造的，创造了一个生态平衡，村民共享，有利于宗族发展的和谐公共环境。婺源水口独特的类型，被誉为"中国乡村最古老的公共花园"。

唐景福年间（892—893），察关村由收复福州的先锋兵马使詹必胜二子詹之谏始迁，由此，詹氏在察关繁衍已逾 1100 余载。此后，婺源詹氏这一支脉在此生殖繁衍、耕读并举，儒商结合。当年，察关村有进取精神的年轻人，从私塾或书院走出，披一袭青衫，怀一裹干粮，翻山越岭跋县涉州，一试再试，终于踏进京师，跻身文化高层。而更多取仕不成，却有开拓能力的年轻人，

▲《詹氏宗谱》中察关村基图

则芒鞋斗笠，风尘仆仆奔赴通都大邑，从当学徒开始，日夜辛劳，一步一个脚印，参与徽商崛起的艰难历程。

东窗夜读免嬉荒　"楼宇朝阳近，奇书万卷藏。焚膏能继晷，启卷自添香。勤慕囊萤允，寒怜映雪康。咿唔惟不息，笃学免嬉荒。"这是清光绪己卯（1879）《詹氏宗谱》卷首，詹添锡写的"察关八景诗"中的第八景。当年，察关詹氏学子挑灯夜读，充分说明了他是深刻读懂了韩愈《进学解》一诗的，也映射出婺源到处弥漫着书香的实情实景。因而，察关村枝繁叶茂，人才辈出。历代佼佼者有任金华太守、造祭酒桥的詹本德，有传艺东瀛的宫廷墨模制作大师詹子云，有进士詹凯以及著名学者詹剑锋，等等。

　　学生意做老板　老徽州婺源县有一首民谣："前世不修，生在徽州。十三四岁，往外一丢。过山又过岭，十日到杭州。没生意，去苏州，转来转去到上海，同乡答应肯收留。两个月一过，买得新被窝，半年一过去，活命就不愁。逢年过时节，寄钱回徽州。爹娘高兴煞，笑得眼泪流。"基于地狭人稠的乡情，一部分婺源人不得不寄命于商。察关从事商业的人很多。民国时，一个不大的察关村仅经营墨业的就有三家，外出卖墨的也不少。如清道光（1821—1850）年间，从察关步行数千里，沿途卖墨块，做烟墨生意，后迁湖北利川的詹林祥，他先是在利川收集烟粉、桐油等运回察关造墨。后干脆在利川设烟房，加工成半成品运回婺源。不几年，詹林祥的烟房越设越多，产墨也更多。到清光绪（1875—1908）年间，他于利川文斗街建民团设账房，生意越做越大，在当地颇有影响。又如少年时外出做学徒的詹澄波，从察关辗转到广西南宁开钟表店、文具店，也卖家乡的徽墨。后来，詹澄波生意越做越大，其文具店、钟表店的连锁店先后开到了柳州、桂林、梧州等地。

　　"北亩朝耕"又养蚕　"北亩朝耕"是"察关八景诗"中的第七景：十亩闲闲地，农夫共力田。镃基沾晓露，蓑笠冒晨烟。鸠听连番唤，蚕惊几次眠。年年祈大有，俯仰乐尧天。诗的第六句是"蚕惊几次眠"，这从一个侧面，揭示了一个

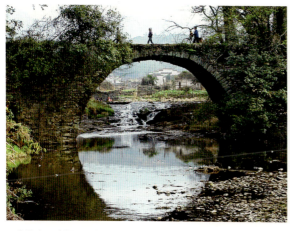

▲察关水口古桥（任春才摄）

▲察关水口亭（任春才摄）

半世纪前后，察关村，乃至整个婺北地区，养蚕是村民在耕读社会中的重要农事活动。

水龙与潜龙庙　水龙，即消防水泵。察关村的这台铜铁结合的水龙，是担任广东粤汉铁路总经理兼工程师的詹天佑，从婺源旅粤同乡会那里得知察关遭了火灾，便在广州永隆公司订购了一台水龙赠送给察关村。这台铸有"察关崇俭堂"和"同利号"标识的水龙距今已有110多年，为了保存好这台水龙，村里专门建了"潜龙庙"。2023年8月，村民还集资建造了一座"潜龙亭"予以纪念。

徽州山区的村落多在山坞中、溪河旁，因此，十分重视水口的营造。察关村水口就建有祭酒桥、文昌阁、关帝庙等建筑，以及人们刻意营造保护的水口林。

祭酒桥　单孔石拱桥，跨径13米，长19米，宽5.6米，高10米。由宋绍熙年间金华太守詹本德于庆元己未年（1199）所建。詹太守为什么将桥命名为"祭酒桥"？或许，他向往开村始祖詹之谏的隐逸生活吧。

祭酒桥，是古代铜锁形，后因水患而损毁，村人都有重建的愿望。村里有个妇女主动四方募钱捐资，照原样进行了复建。

祭酒桥原本有石板栏杆，村人念其功德，以无栏（男）之意，复建时未建石板栏杆。桥是石砌的，一拱半圆，与溪中倒影恰成一轮满月。祭酒桥两头，有28棵樟、枫、槠、栎树等组成的古树群。它们参天而立，斑驳的树干、交错的枝叶，洒下片片绿荫，村人取"二十八星宿拱月"之意，又称该桥为"拱秀桥"。

▲ 察关文昌阁（任春才摄）

　　文昌阁　文昌阁属古代婺源水口"五生"建筑，即"石桥、文笔塔、文昌阁、水碓、天灯"。察关村昔日的文昌阁为三层建筑，是村族子弟学文习字之所。因年久失修，只剩下一块石刻"文昌阁"标识与一层建筑。近年，村里筹措资金，村民义务

▲ 察关村潜龙庙（毕新丁摄）

投劳，在原一层建筑之上加盖了一层。它的飞檐戗角、粉墙黛瓦，仍不失文昌阁当年的风韵和气势。

　　前山保护小区　前山保护小区即察关村"向山林"，面积1180亩。山上的树种有针叶的杉树、松树、红豆杉与阔叶的樟、楠、梓、檀、槠、石栎、银杏、杭州榆等乔木，还有毛竹及三叶木通、猕猴桃、牛栏当（南五味子）等藤本植物，以及七叶一枝花、兰花、石斛、八角莲等"林下经济植物"。

　　婺源现有挂牌的自然保护小区193处。说起察关村的前山保护小区，村民说"文化大革命"中得益于村干部的保护。在那个年代，有人提议砍水口林，用其木材做村里茶叶初制厂的燃料。可在群众大会上，村干部坚决不同意。

　　婺源水口，不仅担负着村落入口、界定、防卫、休闲、绿化等功能，也是村落兴衰的象征。走出水口等于离开家乡，游子见到水口，就是到家了。一千多年来，先民们在水口内，一村一姓，男耕女织，日出而作，日落而息，爱山护水，尊老爱幼，繁衍生息，怡然自乐，创造了婺源的历史和繁盛。察关村水口，则是当地人在时空里创作的恒久画作。在这里，可以观树影婆娑，浓荫蔽地；可看绿水蜿蜒，桥亭吐月，更可读村落历史。它将人文色彩与自然山水巧妙组合，精致地展现千年时光，持久地散发出历史的静远与幽香。

理坑 溪山拱秀

吴精通

　　理坑村位于婺源县沱川乡境内，村落布局集中紧凑，地势西北高东南低，西北环青山，东南临溪流，空间轮廓呈"莲花"形。它是婺源著名的仕宦名村，先后入选"中国民俗文化村""中国传统村落""中国历史文化名村"。

　　理坑村建于宋代，是个余氏聚居村落。沱川余氏始祖余道潜，与朱熹的父亲朱松是宋徽宗重和元年（1118）同科进士，后于北宋宣和二年（1120）由安徽桐城迁居沱川篁村。随着人口逐渐繁衍，余氏宗族逐步分迁，传至第六世余德忱迁邻近之郎村。

▼ 理坑村全貌（张银泉摄）

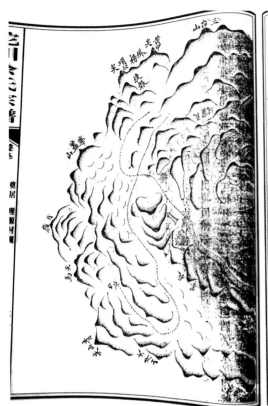

▲《沱川余氏宗谱》中理坑村基图

再传至第十世余景阳，于南宋初期迁居郑村北部的小坑源头，初名"里坑"。他是余道潜的第十世孙，定居年代为元末明初。余景阳迁"里坑"，是因为父亲余元启"以明经历职池州通判，曾小筑书院于理源"（《沱川余氏宗谱·奠基》）。后因里坑村人崇尚"读朱子之书、服朱子之教、秉朱子之礼"，以弘扬朱子理学为根本，文风鼎盛，人才辈出，涌现出尚书余懋学、余懋衡等仕宦贤达，名震一时，被世人赞为"理学渊源"，为激励村人发扬理学，将村名"里坑"改称"理源"，20世纪60年代，又将"理源"改称"理坑"。

理坑村位于大鄣山余脉黼峰南麓，坐落于四边群山环绕的山谷中，村南有一条发源自黼峰、白牛山的小溪蜿蜒而过，村落布局依山面水，背靠黼峰逶迤而来

▲ 水映理坑（詹东华摄）

▼ 理坑水口——理源桥、文笔塔（詹东华摄）

的来龙，前临潺潺溪流，河对岸就是高湖山逶迤而来的面前山（即向山），似一道屏障护卫着村庄。在村子西南，来龙山和面前山两岸对峙，共同"关锁"村落水口。从空中俯视理坑村，其东、西、北三面皆被千米以上的山峰所围合，南面是由东向西呈"S"形环抱理坑村的理源溪。理坑村整体上背山面水，负阴抱阳，是最典型最常见的徽州古村落自然环境空间模式。

理坑百姓对水口进行了精心的营造，在村落水口建有一座石堨，一是抬升流经村落南缘溪流的水位，也方便村民下河洗衣洗菜；二是引溪水灌溉村外的大片农田、驱动水碓。在石堨下方约百米外，建有一座水口桥，桥的东岸南侧还建有"文笔""文昌阁""水碓屋"等人工建筑，共同构成理坑村的水口景观。文笔和文昌阁于"文化大革命"中被毁，水碓今已不存，但 2015 年村人集资重建了"文笔塔"，期盼理坑村重振文风。

理坑水口桥称"理源桥"，桥面建有亭子，桥亭合一，像一座屏风遮挡着整个村落，又像是一座村门，出入村子必须穿亭而过。桥亭"文化大革命"中被毁，1999 年村人按原貌恢复重建。桥亭为长方形封檐建筑，亭子内侧四边有长条凳，可供村人闲坐纳凉。桥中间南侧开有窗口，用于通风采光。亭子外表古朴，但门额题字却很不一般。桥亭正前方左侧门额上方题"闳开阀阅"，说的是理坑村官宦世家辈出；正前右侧门额上方题"山中邹鲁"，说的是理坑是藏于深山之中的人文胜地；后面左侧门额上方题"理学渊源"，说的是理坑百姓尊崇、弘扬朱子理学；后面右侧门额上方题"笔峰兆汉"，说的是文笔塔兆示文运昌盛。这些门额题字都是精心挑选的，彰显出理坑村的历史人文底蕴。理源桥石拱顶部刻有"溪山拱秀"四个大字，赞叹这方山水孕育出优秀人才。理坑水口景观彰显着村落丰厚的文化底蕴。

理坑村民居依山就势、面街临水而建，由村中心向四周辐射扩张开去，呈现出"出水莲花"的村落布局。村口民居沿河而建，飞檐错落，粉墙黛瓦，水中倒影，构成优美的"溪弦头"水街景观。溪弦头是理坑村的标志性景观，呈现出一幅"小桥流水人家"的优美画卷。小溪上建有两座石桥，上游称"添心桥"，下游称"百子桥"。添心桥造型犹如一锭倒过来的"金元宝"，示意村人富足安康；

百子桥形似文武百官上朝时所用的"朝笏"，意指理坑乃仕宦名村；两桥暗寓理坑村富贵双全、村运兴旺。这两座桥的造型和寓意，充分体现了理坑村民对村落风水营造的精心，可谓是匠心独运。两桥之间两侧均有石板道和洗衣埠，共同构成水街景观。

溪弦头是理坑村最热闹的地方，早晨妇女们聚集在河边洗衣洗菜，拉着家常；傍晚村人则聚集在添心桥上纳凉休息，闲聊说笑，好比是理坑村的"新闻发布中心"，只要到桥上坐一坐，就能了解村中发生的大小事情。村中还有个习俗，村人娶亲都要走百子桥，寓意婚后生子，仕途顺达。添心桥头是进村的主巷道，过去官员返乡均从这里进村归家。巷道口有巷门，门额题有"渊渟岳峙"四个大字。这四个大字一语双关道出此巷的非同一般，这是条令人尊敬的"官巷"。题字一方面点出官巷对面的景色，青山耸立，绿水环绕；另一层意思是溪水经过这里都要放慢脚步，青山也毕恭毕敬肃立。等于说，这儿的山水都尊敬住在巷子里的人。

理坑村街巷纵横交错，犹如一座迷宫。主巷宽阔整齐，小巷连通主巷，路面采用青石板铺设，街巷均设有排水沟渠或暗沟，历经数百年依旧发挥着排水功能。值得一提的是，理坑古村落在规划建设中非常重视科学布局和安全设施。古宅室内天井中摆有千斤缸，村路边建有水圳，弯弯绕绕，而且每隔一段建有大型防火池，由青石板围成，高达一米左右，既便于村民浣洗，又利

▲ 理坑古井（张银泉摄）

于防火。村中不少巷中，还设有打更楼，以防万一。村中开掘了一些古井，最著名的当数"金家井"，占地约 30 平方米，青石板铺地。井口是一个长 3 米、宽 0.95 米的长方形，深达 2.2 米，井口没有井沿护栏，却从未出过安全事故。古井周边四个角各置一个石槽，供村民洗涤之用，而在石槽的外围又砌有一圈排水沟，确保了洗涤用水不会污染井水。这个水井至今保存完好，还是村民浣洗的场所。相传，婺源著名特产荷包红鲤鱼就是由金家井繁衍而来的。村人余懋学任户部右侍郎期间，明神宗曾赐他数尾御花园池中的红鲤鱼，余懋学归乡时，将此鱼带回家乡理坑，放养在金家井中。后在沱川一带繁衍，经漫长的驯化选育，而逐渐成为今日的婺源荷包红鲤鱼。

理坑文风鼎盛，村人好读成风，被文人学者赞为"理学渊源"。几百年来，理坑人秉承勤学苦读之风，人才辈出，明清以来出过尚书余懋学、余懋衡，大理寺正卿余启元、司马余维枢、知府余自怡等七品以上官宦 36 人、进士 16 人、文人学士 92 人，著作达 333 部 582 卷之多，其中 5 部 78 卷被收入《四库全书》。有的弃儒从商则成巨贾。这些达官显贵、巨富豪商，或衣锦还乡，或告老隐退，在家乡兴建官邸、商宅、民居、祠堂、石桥和文化建筑，促进了理坑村落的繁荣兴旺。

如今，理坑村落仍保留明清风貌的古建筑有 130 幢，其中明代 24 幢、清代 106 幢。代表性古建筑有明代天启年间吏部尚书余懋衡的"天官上卿"，明代万历年间工部尚书余懋学的"尚书第"，崇祯年间广州知府余自怡的"官厅"，清代顺治年间司马余维枢的"司马第"，道光年间茶商余显辉的"诒裕堂"，还有花园式建筑"云溪别墅"，园林式建筑"花厅"。这些古建筑粉墙黛瓦，飞檐戗角、"三雕"工艺精湛、布局科学、冬暖夏凉，形成了颇具特色的明清官邸古建筑群，被誉为"中国明清官邸、民宅最集中的典型古建村落"，是生态文明的绿宝石、古建艺术的博览园。

官厅是明代崇祯年间广州知府余自怡的宅第"驾睦堂"，因为余自怡为官清廉、政绩突出，皇帝下旨赐建，当地百姓俗称"官厅"。官厅的大门由水磨青砖和砖雕砌成的四柱贴墙牌楼，牌楼门罩重叠五层，挑出飞檐，鳌鱼戗角，最顶一

▲ 理坑尚书第（张银泉摄）

层中间原先镶嵌石刻"圣旨"一块，这种牌楼是规格最高的"五凤楼"，只有官宦人家才能建造。官厅分正屋和余屋两部分，整座建筑占地 426 平方米，正屋朝北，二进二层，三面回廊卷棚，楼上为走马楼，余屋位于正屋右边。官厅是典型的明代建筑风格，简朴庄重。它的结构是围绕长方形天井的合院，内部空间宽大；室内天井是理坑村古建筑中面积最大的，采光通风条件良好。官厅第二进比第一进地势高出两步，以显示正厅的威严。正厅前沿由三块巨石铺成，厅中央金砖铺地，是主人接待上司以及会见同僚、宾客的场所。第一进、第二进前排木柱均为方柱，木柱粗实厚重。房屋为冬瓜梁，梁两端侧面各雕一弧形凹线，宛如一弯新月，非常美观，是村中最为气派的官宅。官厅主人余自怡，明代崇祯元年（1628）考中进士，后担任湖南湘阴知县，崇祯十一年（1638）升任广州知府。在任上，余自怡勤政为民，清理冤狱，廉洁自律，拒绝请托，整顿社会秩序，为民办实事，当地百姓交口称赞。明崇祯十二年（1639），因积劳成疾，余自怡倒在广州知府任上，年仅 46 岁。因清廉，家里连买棺材的钱都拿不出来，是同僚们集资为他办理了后事。余自怡的廉洁奉公可见一斑。

▲ 天官上卿（吴精通摄）

　　天官上卿是明代天启年间南京吏部尚书余懋衡的官宅。大门朝北，戗角门罩，小八字照墙，门楼额枋上有浅刻楷书"天官上卿"四字。天官府第朴实无华，外墙歪斜而成锐角，大门也开在角上，十分独特。余懋衡少年好学苦读，明万历二十年（1592）考中进士，步入仕途。由于他为政清廉，办事认真，忠君敬业，一再得皇上重用。有一次余懋衡出巡陕西，发现监税中官梁永以钦差大臣自居，在陕西横行霸道，将搜刮来的金银财宝，私藏在京城附近的秘密地方。余懋衡查出并证实后，非常愤慨，不顾自身安危，毅然报告皇帝，要求查办贪官梁永。这件事情被梁永安排在皇帝身边的亲信，密告给了梁永。梁永得知后，对余懋衡怀恨在心，又害怕恶行暴露，很想害死余懋衡。他买通余懋衡身边的厨师在饭菜中投毒，两次加害余懋衡，幸亏抢救及时脱险。后来，余懋衡在当地官员的协助下，将贪官梁永的赃物截获，全数没收交公，贪官梁永被撤职。余懋衡冒死除奸臣的故事，后世传为佳话。由于政绩突出，余懋衡被提升为南京吏部尚书，接连的提升被同僚妒忌，后来因为谗言被削职为民。直到崇祯皇帝登基，追赏他的功劳，才复任原职。因此，他在建造这座府第时，有意将外墙做成不规整的棱

▲ 理坑村景（胡红平摄）

角，以反映他一生的坎坷不平。

花厅是清初富商余廷标的商宅。花厅的建筑布局别具一格，两幢房子由回廊相连，中间空出个方形大院。院中花台、鱼缸、石桌、石凳摆设一应俱全，地面用卵石铺砌成各种图案。奇花异木栽满四角，花台中的有棵栀子花树已有几百年的历史；院子中间的步道，由十块石板铺成，中间四块石板寓意四季发财；两侧各三块，寓意"六六大顺"。这庭院是主人纳凉、赏月的场所。在这座宽大的宅院中曾发生"教贼悔改"的传奇故事。一个漆黑的夜晚，有两名窃贼潜入花厅行窃。因为天很黑，小偷怕迷路，所以潜入时每隔一段距离就插一支香火做标记。这件事情被主人余廷标发现，他也不声张，只是悄悄地移动了作为路标的香火，把路引向了柴房。两名小偷返回时，顺着香火摸进了柴房，感觉不对，于是又摸黑顺着廊道往回走，可总也找不到出口。天快亮时，小偷只好重新躲进柴房。第二天一早，余廷标吩咐伙计说："昨晚家里来了客人，今早多备两个人的饭。"伙计听了非常纳闷，心想昨晚并没见有什么客人来。早餐做好后，伙计问："客人住哪里？"余廷标说："在柴房里，你去请吧。"伙计到柴房一看，果真有两人躲在里面，心里顿时明白了。两名小偷硬着头皮跟伙计来到堂前，没想到余廷标既不打也不骂，而是叫吃饭。饭后，余廷标劝导小偷，为人要走正道，不要再干偷鸡摸狗的事。还拿出200两银子借给他们作本钱，回家做点小生意。这两贼深为感动，含羞各拿了100两银子，并跪下保证改邪归正。后来，这两人还真改过自新，做起生意，发家致富。他俩十分感激余廷标的恩德，专程前来归还银子，并叩头致谢。

理坑村坐落在谷口的坡地上，东北是大片的良田，养育着村人。理源溪贯穿山谷、奔腾不息，滋润哺育着理坑田地。山谷四周群山耸翠，为理源溪提供不竭的水源。理坑余氏宗族十分重视对村落山水环境的保护，吏部尚书余懋衡手订《劝诫》规则，村人世代遵守。《劝诫》对保护山林河鱼作出具休细致的规定：

人丽土以生，凡阳宅、阴宅，来龙山及向山、水口山，俱不得任意掘土取石，以致山脉摧残，风气剥落，人鬼不宁。以后有犯，罚所雇工匠并罚雇工匠者，令修路或桥；或抗拒不服，一并呈治。

四山林木，濯濯不及，今尽行付种，依期雇刈，严禁樵砍。将来房屋什器，于何采造？以后共业、各业砍过木山，不取信记钱，一意栽苗，毋抛荒、毋盗砍、毋延烧，犯者呈治。若近坟庇木，律法尤严，如有侵犯，必不姑息。

数罟不入洿池，钓而不网。古人取物之中，实寓爱物之意。今后毋得密网竭泽及放药毒鱼，令无遗类，犯者公戒，戒而再犯公罚。

理坑村农业生产以水稻为主，也是传统茶区和林区。山水环绕、锦峰簇拥、河川如练的自然环境，给理坑村带来了富饶的物质财富，也为理坑营造了一个世外桃源般的生态空间。如今，理坑村正利用古村落的独特资源发展旅游产业、写生经济，古村正焕发出新的生机。

篁村 古桥卧波锁水口

汪森艳

　　篁村，位于婺源县北部与安徽省休宁县交界的沱川乡，距县城 55 千米，全村现有 130 多户。历史上，篁村耕读传家，文风昌盛，儒贾众多，人才辈出，是沱川余姓家族的发祥地和聚居地，2015 年被评为"中国传统村落"。村子并不大，东西狭长，背倚

连绵山脉，燕水河环绕村前，扇形区域内田畴如画，粉墙黛瓦，灵秀而又寂静。篁村水口配以古树、古桥、古庙等公共建筑，山水人文相得益彰。

卜吉择居——朴素的生态文明

"树养人丁水养财"。婺源人历来注重水土涵养和生态建设，村落选址除"相地"外，常常还要"植树定基"，就是在初定村址时先种上樟、柏、银杏等寓意吉祥的树苗，以树苗之长势判断土地有无"生生之气"，如果长势良好，那就说明是吉地了。婺源古村"卜吉择居"的传说很多，但时过境迁，像篁村这样

▼ 篁村全景（张银泉摄）

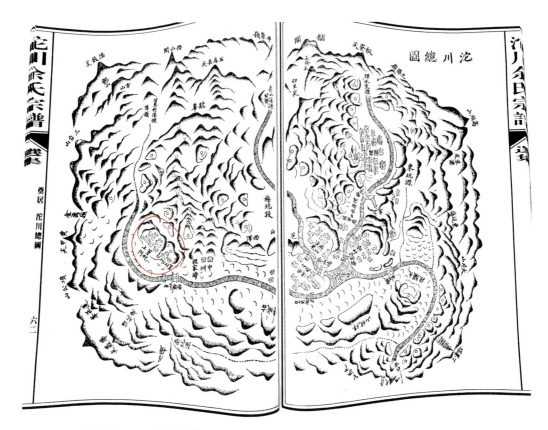

▲《沱川余氏宗谱》中沱川总图中的篁村位置

留有实物见证的不多。

据民国版《婺源县志》载，"余道潜，字希隐，宋雍熙进士智孙，舒城宰永锡子。登宋政和八年（1118）进士，任桐庐主簿，为政严明，民甚德之。时朱勔采奇石异卉以供贡献，将次桐庐，道潜曰：'吾岂剥民以媚权贵？若不去，终必有祸。'遂挈妻、子之婺源沱川（篁村）"。余道潜为什么选择篁村，民间传说还有一段情缘，余道潜与朱熹之父朱松系同科进士，两人相交甚厚，彼此邀约，时常优游。北宋宣和二年（1120），余道潜从安徽桐城过吴楚分源的浙岭，蓦然看到沱川一片茂林修竹，四周群山环绕，且有流水淙淙，叹为风水宝地。于是他将一株罗汉松倒插于河边以测水土，谁知这棵罗汉松当年就发出了新枝，尽显"祥瑞之兆"，遂率全家定居于此。"独坐幽篁里，弹琴复长啸。深林人不知，明月来

▲ 篁村罗汉松（任春才摄）

相照。"沿着王维诗句，或可寻到"篁村"村名的由来。

如今，树龄 900 多年的罗汉松枝丫向四周匀称伸展，树的胸径约 2.5 米，要四人合抱，高 16 米，树冠直径达 18 米。村民还给一些粗枝取了名称，如"正心殿""香火宫""三层楼""仙佛桥"等等。远观古树就像个老罗汉打坐，满身禅气；近看树干上布满凸起的树瘿，令人生出几分敬畏，篁村世代村民都把这棵罗汉松奉为吉祥的神灵。这棵罗汉松是雌株，每年 5 月间开花，8 月间果实逐渐成熟，罗汉果形状极像一位正经打坐的罗汉，味道香甜。

不得不说余道潜的"眼光独好"，定居篁村后开枝散叶，子孙繁衍，第六世余德忱分迁郭村，再传至第十世余景阳卜居理源（今理坑），在沲水三溪沿岸和汇流处，相继建立起篁村、郭村、燕山、理源、东坑等余氏聚居的村落，并陆续迁衍全县各地，建有余氏聚居或与他姓合居的村落 42 个。2008 年 9 月 7 日，著名学者、作家余秋雨参观篁村，得知这是余氏迁居此地时栽下的"祖宗树"后赞叹不已，并兴致勃勃地合影留念。

文房四宝——先进的村庄规划

余道潜博览群书，精于天文、地理，向往悠然见南山的耕读生活。他在勘定村址的时候，文人的思维方式使他专注于文化特质的呈现，通过"笔、墨、纸、砚"四个元素空间组合，形成"文房四宝"的独特总体设计，布局精妙、规划严谨，是山水与人文相通，天人合一的典范。虽经过近千年，篁村的布局可谓"一张蓝图绘到底"。

沱川古语云：篁村的朝山，理坑的水口，郭村的来龙，河西的阳基。面前有案值千金，案山最喜是三台，篁村地处婺源北部祖山大郭山麓，绵延起伏的山脉，在这里三起三落，村人称之为"三台地"。篁村正对着的朝山，形似"笔架"，当地村民认为这是文脉所在。历史上村中私塾先生启蒙教育，学童第一次磨墨习字，一定要到笔架山上的文泉取水，以便开启文运。村人视村前开垦的田畈如"纸"，以兼具洗衣和消防功能的半月池为"砚"，宽厚的添丁墩作"墨"，村后挺拔的红豆杉是"笔"。弯曲的小巷接连着一个又一个院落，其中建于明永乐十年（1412）的第六批全国重点文物保护单位"余庆堂"格外显眼。建筑南北长 33.6 米，东西宽 13 米，占地面积 436.8 平方米。大门为五凤楼，八字墙，立面三间四柱五重檐，门额上嵌"始基甲第"四个浮雕字，精湛的砖雕艺术，古典的造型，彰显出门楼的高雅大气。祠堂方砖铺地，十根粗大的立柱，虽不工于雕饰，却不失古朴大方。横梁上挂满了"金殿传胪""兄弟文武登科""才德迈伦"等牌子，见证着村庄昔日之辉煌。走上二楼朝南远眺，"如椽大笔"的红豆杉，

▼ 半月池与笔架山

正好"架"在更远处的笔架山上，不仅生动形象，也充分体现了村庄规划设计的整体协调性。

"文房四宝"的设计布局，喻示着人文昌盛，人才辈出。明清两代，篁村走出余诚、余德润、余棐、余守经、余升、余鉴、余亚龙、余煌、余文蔚等知名学者。其中，明朝嘉靖年间的魁甲余棐，才华横溢、机智过人，据说本有状元之才，因对出当朝重臣"千里来龙归大畈"的下联"一堂山水养沱川"而遭妒，才使他与状元擦肩而过，至今婺源民间还流传"余棐不元世不元"的传说。余煌精于天文历算，曾预推 1814 年以后 10 年日月交食，分秒时刻皆准。

古桥卧波——水口的建筑地标

古人在进入村口的溪流上建桥造阁，并择地种植树木，既美化环境、方便往来。村口的大夫桥桥长 16.5 米，宽 5 米，始建于北宋。它是沱川乡通往清华镇主要通道的要津，除交通作用外，过往行人还可在此遮风避雨，歇脚小憩，观赏风景。

大夫桥的建造风格朴素中带着雅致，梁板式木结构，中跨四界梁前后对接单

▼篁村大夫桥（任春才摄）

步，用四柱，外檐挑出半米，以遮挡雨水。桥下为圆木横亘小溪两岸，上铺木板，成为桥面。两边设木槛，内柱间施平板兼作坐凳，可供来往行人休息。廊桥两端封砖墙，粉白灰，顶部双坡屋面，脊两头起翘。门楣上分别题有"凤鸣篁墅""鹤和松林"，这是徽州营造的主流做派。北端还有楹联一副："廊引篁溪水，桥渡有缘人。"据村人讲述，距离这座桥50多米的上游河面上，旧时还有一座结构样式相同的廊桥，称"上大夫桥"。两座大夫桥遥相对望，桥下河水清澈，游鱼嬉戏；堤岸古木参天，花香鸟语。月夜观赏，两桥之间，明月倒映，树影婆娑，是篁村过去"双桥锁月"的景观所在。

"伤心桥下春波绿，曾是惊鸿照影来。"历史上有很多描写桥的诗词，充满了诗意和浪漫。廊桥曾经是约会、相聚和分别的地方。村中有人出远门，家人必送至水口，千叮万嘱，挥泪而别；在外多年的游子重返家乡，一眼望见水口，便会激动不已，分外亲切。在"十三四岁往外一丢"的古徽州，大夫桥上不知演绎了多少家庭的分别和重逢，是父母"衣锦还乡人尽见，望得风光满面归"的期许，是游子"近乡情更怯，不敢问来人"的忐忑，也是妻子"知心几见曾来往，水隔山遥望眼枯"的思念。

大夫桥始建于宋朝，历年来有过多次修缮或者重建，属于县级保护文物。现桥是2021年7月份洪水冲倒桥面后，在原有的基础上抢救性重修而成，保留了桥本身原始风貌。

庵堂书房——篁村的精神世界

乡间的寺庙庵堂保留了许多以民间信仰为特点的传统民间文化和流传至今的传奇故事，透过它们可以走进山乡人家的精神世界。与此同时，古代到山间隐居清修的文人雅士，不一定是佛道修行，也可能是喜欢与山水为伴去读书和立说，慢慢结茅为庵。这种寺庙庵堂更像一个学堂，或者是一个公共开放的图书馆，当时最有名的像王阳明这样的思想家，都要去寺院里进修学习。篁村的上下水口就各有一座庵堂，它们在村落精神家园各司其职，也各得其所。

村口的大夫桥对面就有一座始建于宋代的万罗庵，原先有"专职尼姑"，多

▲ 篁村祠堂（詹欣民摄）

数是"红沙日"所生的女孩，自小被送入庵堂修行。古时，婺源乡间认为"红沙日"是个"凶日"，该日出生的女孩，犯血光之灾，生育会难产，甚至性命不保，因此得削发为尼，不用生育，才可以善终。至20世纪50年代，破除封建迷信，庵中年轻尼姑全部还俗嫁人。有一段时期，一些因家里房子受灾，没地方住的老人也会住在庵里，照看香火，接待信士弟子，算是"寺庙养老"的一种形式。

万罗庵中间是正殿，两层结构。楼下供奉"西方三圣"，中间为南无阿弥陀佛，两边是南无观世音菩萨和大势至菩萨。二楼供奉的菩萨有释迦牟尼佛、地藏王菩萨、消灾延寿药师佛和文殊菩萨等。庵中西边一间，进门左边是社坛，供奉土地公和土地婆。上座左边供奉的是汪帝菩萨。汪帝菩萨，名汪华，汪氏四十四世孙，隋末唐初，汪华起兵保障江南六州百姓免遭兵灾战乱之苦。大唐初定，汪华归顺李唐王朝，受封为"越国公"。百姓感其功德，立祠祭祀，汪华成了徽州百姓敬仰的地方保护神，民间尊称"汪帝老爷"。座上右边供奉的是名道行高深的道士，叫胡老爹。他原是婺源县城人，传说曾作法借来西湖三尺水，降雨解救旱情。他去世后，人们立祠祭祀纪念他。若遇大旱，人们便备办祭品叩拜，祈求胡老爹降雨，若不能很快降雨，就把胡老爹的塑像搬到烈日下暴晒，说是过不了几天，天就会下大雨。

村庄的上水口有一座湖丘桥，边上有一座亭子，朝西的门额上，题有"彩彻云衢"四个字，出自唐代诗人王勃的《滕王阁序》。这个题字，主要是概括距离这个亭1千米远的"云衢庵"胜景。云衢庵是鄣山灵隐庵的属庵，地处驼峰山腰，常有浮云飘驻，又多朝雾暮霭，这些"祥云瑞气"给云衢庵蒙上了一层神秘的色彩。如今庵堂的大殿与佛堂已经损毁，剩下遗址上《重建云衢庵记》碑刻记录着古往今来。据记载，明朝天启年间，有对年迈夫妻隐居于此，盖了三间草堂。而此时山下篁村"甲第相望，文章勋业，彪炳众区，公卿子弟，多从山乐水"，因而草堂成了这些人的落脚之处。后来山下篁村的余一龙为培养绍祉、绍禄两孙子，在此建了"不二山房"，又设"云衢庵"为他们提供食宿服务。沱川走上仕途的官宦和文人、学士，有不少在此读过书。民间流传赋春狮田的齐彦槐，也是在此读书后考取进士的。到清朝康熙年间，鄣山灵隐庵的一如到此主持，而此时的寺庙"椽朽垣颓，风雨不蔽"。于是他辟地新造，为门两重，为堂三楹，佛像俨然，又买山田，以垂永久。新建的云衢庵说不上金碧辉煌，也是竹木交荫，长松百数，蔽日参天。可惜建筑在20世纪60年代被毁，目前只剩下断壁残垣，以此感知其中一二。

穿越篁村——村头村尾郁葱葱

篁村村口有一个简易的停车场，万罗庵边上原有两棵同根而生的百年古枫，经历岁风月雨磨砺已经不复存在，但环绕村庄满眼还是茂林修竹的意境。左边是打磨得光滑锃亮的青石板古道，一块连着一块，铺就了一代又一代人生活的足迹。右边是绕到村后的公路，蜿蜒地插入郁郁葱葱的后龙山林，加速了这座古老村落和外界的联系。

走进篁村，过了大夫桥一边是水田，一边是溪流，沿着曲折的小径前行，溪边树木繁茂，粉墙黛瓦半掩半现，如果遇到桃李花开的春日，心中自然想起陶渊明在《桃花源记》里的描绘："夹岸数百步，中无杂树，芳草鲜美，落英缤纷。"

▶ 篁村古道（任春才摄）

悠长的小巷平整清洁，随路石板下还建有完备的排水系统。村中有处水塘过去是村民挑水取水点，就算是下大雨，池水也一样清澈。街头巷陌的"写生客"络绎不绝，他们为篁村的选址与"文房四宝"布局啧啧称奇，在春意盎然中用画笔描绘着如诗如画的千年古村。

行车到村庄"下门"的位置，沿着小路可步行穿过左边一片竹林进入村子，驾车继续上坡转弯就到了村庄的观景台，在这里，远山、近田、古村落核心区和"文房四宝"的意境尽收眼底。整个村落仍保留明清时期格局，民居、官商宅邸和街、巷、石桥、水圳、水塥均保留了古建筑原貌。全村现有徽派古建筑60余幢，各级文物保护单位8处。后龙山上是一片幽深的树林，里面有很多原生的杂木，遮天蔽日。初冬时节，村人在林下枯枝落叶间捡拾苦槠树的果实做豆腐，是当地一道名菜。错落其中的栲槠树果实成熟后，像野生小板栗一样壳斗裂开，果实落在地上，在零食稀少的年代，放学归来的儿童会争抢着捡回家吃。

今日篁村，祁婺高速出口建在了家门口，交通便捷。旅游小镇项目近在咫尺，随着穿越篁村的金岗岭至卧龙谷的"四好农村路"的建成。古桥卧波的篁村水口，将迎来八方来客。

菊径 幽胜盘谷　玉带环抱

何宇昭

在婺源，风景与村名相得益彰的村庄很多，婺北深山的菊径村，无疑给人们留下深刻的印象。

在今天的网络世界里，菊径村以"中国最圆的村庄"著称。莒水（也称菊源水）在前山山脚屈曲环匝，涓涓向东，回顾依恋，缓缓绕村几近一圈，属于典型的"玉带环抱"之势。登临前山俯视，眼前天地浩茫，村庄背倚大山，面朝东方，徽派建筑新新旧旧，高低错落，团团围聚，形成一道圆如玉璧的村景奇观，春夏秋冬，各有情趣。如若晴朗之夜，沿河灯彩闪烁，溪流倒映，宛若数道天上的虹霓。

数百年前，先人择居此地，正是看中这里"山水清奇，周遭环抱""无异盘谷，真隐居幽栖之所"：

予尤赋性恬澹，利礼不动其心，矢志考槃而不溺于所处，凡遇名胜，不倦登览。耳聆星源之北有灵洞，最为佳境，因以游畋为名，乾道己丑，命仆治装而览胜焉。道由九径，见山水清奇，周遭环抱，美哉风景，无异盘谷，真隐居幽栖之所也。辟草莱，芟荆棘，构数橡而爱居焉。地虽僻在万山，然灵钟秀萃，后世必有兴者，光裕之休，殆必不替于前人矣。

南宋乾道己丑，即1169年，距今已有800余年。这段载于《菊径何氏宗谱》的话语，出自《纪迁九径原由》，说菊径始迁祖

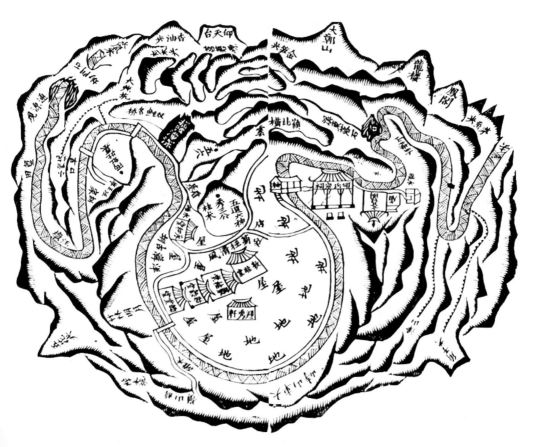

▲《菊径何氏宗谱》中菊径村基图

何嘉从乐平柳桥上河，前往灵岩洞游览途中，偶遇大安里九径（菊径），看到这里"山水清奇，周遭环抱""地虽僻在万山，然灵钟秀萃，后世必有兴者"，于是迁居此地。何嘉出自名门，其曾祖为北宋宰相，赠太师，封"荣国公"的何执中。村人奉何执中公为菊径何氏一世祖。

自迁居以来，何氏开枝散叶，繁衍昌盛，不仅分迁婺源各处，形成数座何氏村落，更有迁往安徽之桐城（枞阳）、黟县、祁门、休宁，江西之鄱阳、景德镇、浮梁、安义、万年、玉山等地。菊径何氏，在南宋即有十二派之分；今天的菊径村中，依然保存着四座支祠，分别称为前、上、中、后四门，联系着天南地北的菊径何氏后裔。

菊径村全景（张银泉摄）